사랑하는 순간 영원을 살고

사랑하는 순간 영원을 살고

(시인 엄마와 소설가 딸의
찬란하고 투명한 생의 단어들)

장은옥 · 김현경 지음 ㅣ 안소영 그림

청미

추천하는 글

시가 된 풍경

화가 안소영

『사랑하는 순간 영원을 살고』는 시인 엄마와 소설가 딸이 함께 써 내려간, 세상에서 가장 내밀하고도 깊은 대화입니다. 죽음은 생각보다 우리 삶에 가까이 있지만, 특별히 사랑하는 이의 죽음을 마주하는 건 너무도 힘든 일입니다. 그럼에도 두 사람은 서로를 향한 사랑으로 그 끝을 다시 시작으로 이어갑니다. 그래서 저는 이 책을 상실의 아픔을 겪고 있는 분들, 혹은 '엄마'라는 이름만으로도 마음 한 자락이 저려 오는 모든 분께 건네고 싶습니다.

암 투병이라는 고단한 여정 속에서도 연분홍빛 노을처럼 따뜻하고 순수한 시선을 잃지 않았던 장은옥 시인. 그런 어머니를 떠나보내며 그리움과 담담함 사이를 오가는 문장으로 짙푸른 감정을 번져나가게 한 김현경 작가. 저는 두 사람의 이야기를 따라가며, 그림으로 표현할 수 있는 가장 깊고 넓은 '사랑'의 색을 찾고 싶었습니다.

어떤 순간에는 노을빛 하늘 아래 시를 쓰며 미소 짓는 소녀 같은 엄마를 떠올렸고, 또 다른 날에는 훌쩍 커버린 딸의 모습에 이입해 단단히 두 발을 땅에 딛고 선 소녀를 그렸습니다. 그렇게 저는 두 모녀가 함께 만들어낸 '시가 된 풍경' 속에 머물며 비로소 깨달았습니다.

"사랑하는 순간, 우리는 이미 영원을 살고 있구나."

이 책은 온 힘을 다해 말합니다. 우리가 진심으로 누군가를 사랑하며 살아간다면, 이별은 더 이상 끝이 아니라고 말이죠.
삶의 한구석에 그리움을 품고 있는 이라면, 이 책과 꼭 마주했으면 좋겠습니다. 책을 다 덮을 즈음엔 슬픔에 잠긴 이에게는 깊은 위로가, 사랑을 미뤄둔 이에게는 다정한 자극이 될 테니까요. 그래서 저마다 마음 안에 시처럼 아름다운 풍경들이 그려질 거라는 걸 저는 이미 알고 있으니까요. 당신만의 시가 된 풍경과 꼭 만나기를 바랍니다.

들어가는 글

사랑하는 순간,
우리는 이미 영원을 살고있다

내가 사는 동안, 엄마가 나를 사랑했던 것보다 내가 엄마를 더 사랑하게 되는 날이 올까? 엄마와 세상에서 함께 할 적엔 그 사랑을 제대로 헤아리지 못했다. 매일 아침을 함께 맞고, 하루를 나누고, 서로의 숨결을 당연하게 여기는 일상이 얼마나 큰 축복이었는지 알기에 나는 너무 어렸다.

내가 스물다섯이던 어느 날, 엄마가 암 선고를 받았다. 죽음은 예고 없이, 삶의 가장 평범한 순간에 들이닥치곤 한다. 엄마의 투병을 곁에서 지켜보며, 사랑이란 단어가 얼마나 다채롭고 복잡한 의미인지 비로소 알게 되었다.

매일 같이 무너져가는 몸,
하지만 그 안에서 점점 더 맑고 투명해지는 마음.

어쩌면 삶이란, 연약해지는 만큼 찬란할 수 있는 것인지도 모른다.

엄마가 돌아가신 뒤 유품을 정리하다 노트 한 권을 발견했다. 당신의 어머니를 암으로 떠나보낸 뒤 시작되어 당신 또한 딸을 두고 세상을 등지기 직전까지 이어간, 고통의 무게만큼이나 극진한 시어들이 보물처럼 정갈하게 보관되어 있었다.

제 몸 하나 가누기 어려운 아픈 와중에도 엄마는 시인이었다. 삶의 무게에 숨이 막히는 날에도, 죽음을 맞닥뜨리고 까마득해지는 날에도, 언제나 아름답고 단단한 언어로 자신과 타인을 다독였다. 사람을 향한 따뜻한 시선, 자신을 향한 정직한 고백, 죽음을 앞둔 순간에도 흐트러지지 않던 삶의 태도가 엄마의 시 안에 고스란히 담겨 있었다. 그 순간 나는 깨달았다. 내가 살아 있는 동안 결코 가늠하지 못했던 사랑이 이 세상에 존재했음을. 그리고 이제 내가 그 사랑을 복원해야 할 차례라는 걸.

그렇게 엄마의 시가 나를 불러냈고, 나는 그에 응답하듯 이 이야기를 쓰기 시작했다. 엄마와 내가 함께 건넌 시간과 끝내 작별했던 순간들을 한 줄 한 줄 기억으로 다시 세워 올렸다. 이 책은 사별이라는 거대한 상실을 겪어낸 한 가족의 기록이며, 시인이자 엄마였던 한 사람과 그 딸이자 작가인 나 사이의 고요하고 깊은 대화이다.

각오한 이상으로 글쓰기는 쉽지 않았다. 슬픔은 종종 문장을 부수었고, 다시 꺼내보기 두려웠던 기억들은 페이지를 흠뻑 적시곤 했다. 그러나 엄마에게 넘치도록 받았고 알고 보니 여전히 받고 있는 사랑의 힘으로, 그 존재를 다시 불러보는 간절한 마음으로 한 문장씩 써 내려갔다. 그 길에 시인과 꼭 닮은 영혼을 가진 안소영 화가와 함께한 것도 큰 힘이 되었다.

이 책에는 나의 엄마, 장은옥 시인이 남긴 시들이 함께 실려 있다. 딸에게는 영원한 이정표가 된 그 문장들, 나도 모르는 새 지금의 나를 일으켜 세운 그 마음을 이제는 세상과 나누고 싶다. 각자 상황은 다르겠지만 누구나 어디선가 만난 사랑으로 인해 살아가고, 언젠가 그 사랑과 헤어지는 운명을 피할 수 없다는 점에서 우리는 모두 같음을 알기 때문이다.

사랑을 상실한 경험은 쉽게 사라지지 않고, 삶의 어느 구석에 길게 그림자를 드리운다. 하지만 그것이 진실로 사랑이었다면, 함께 한 순간이 정녕 빛났다면 그 사랑은 끝없이 우리 안에서 살아 숨 쉬고 또 이어질 것임을 비로소 확신한다. 『사랑하는 순간 영원을 살고』라는 제목이 바로 그 증명이다.

목차

추천하는 글 시가 된 풍경   004
들어가는 글 사랑하는 순간, 우리는 이미 영원을 살고있다   006

제 1 장
어느 날, 엄마가 암 선고를 받았다

그 순간	017
별일이 있을 게 뭐 있나…	019
빗소리를 기다리며	020
비	021
길을 걷다	022
슬픔 총량의 법칙	023
그대의 마음	030
빈터	031
앓이	033
옛날 시인처럼	035
理性의 숲	037
시인 엄마, 소설가 딸	039
들풀을 뽑다가	051
바람 부는 밤	053
한 번 만나야지	054
언니	056
사랑은 이어지고 또 이어진다	058

제 2 장
우리의 생은 마지막 날까지 연약하고 찬란하다

12월의 편지   067
수술 전야   069
크리스마스 쿠키   071
크리스마스의 추억   073
마지막 축제   079
타인의 피   088
2월 산   090
산수유   091
꽃샘추위   093
거머리   094
좋은 소식을 기다렸죠…   096
엄마와 함께 한 537일   098
위안   113
이화에 월백하고   116
신호등 불이 바뀌었어요   118
여름 준비 끝   120
배롱나무꽃   121
9월 1일 맑음   123
밥 먹기   124
미안해하지 않기   126
괜찮아, 괜찮아   131

제 3 장
꿈에서도 그립고 그리운

엄마네 684-9341	141
그러려던 건 아닌데…	142
백일 떡	144
하얀 카네이션	145
세월	146
엄마에게 쓰는 편지	147
작별	155
내가 알고 있던 것은	156
큰물	158
솔뱅의 추억	160
카핀테리아의 추억	162
늘 하시는 말씀	172
검은 장갑 낀 손	175
로맨스 빠빠	176
샌프란시스코행 열차	178
꿈에서라도 만나, 엄마	180
엄마, 이제 새롭게 만날 시간이야	196

제 4 장
그럼에도 결국 사랑만이 또렷이 남았네

외로운 밤	203
밤 놀이터	204
우물	206
새벽길	207
나의 위경련 투병기	209
봄나들이	216
금산 가는 길	218
나비꽃	219
땅끝에 서다	220
다시 만난 엄마의 교훈	221
현경이에게 권하고 싶은 일곱 가지	224
때가 어느 땐데…	228
저녁 풍경	229
유쾌한 편지	231
눈발 마구 날리는 날에	232
볕이 참 좋아…	233
마흔에 보이는 것들	235

가을	236
가을 배웅	237
겨울 새벽	238
아침 산책	240
아침	241
맺는 글 사랑 이야기는 끝나지 않는다	244

제 1 장

어느 날, 엄마가 암 선고를 받았다

엄마가 처음 암 판정을 받고 우리 곁을 떠나기까지 잊을 수 없을 수많은 일들이 있었지만 가장 힘들었던 때를 꼽으라면 단연 암 판정을 선고 받은 날이다. 태어난 이래 줄곧 발 디뎌 온 안온한 일상으로 지어진 세상은 전조도 없이 폭삭 주저앉는다. 영원한 이별에 대한 공포로 가득한 세상으로 까마득히 떠밀려지며, 두 번 다시 이전으론 돌아갈 수 없음을 관통당하듯 선뜻하게 깨닫는 순간.

그 순간

일순
온 세상은
까마득히
아득해지더니
고요해졌다.

아무런 느낌도
아무런 생각도
들지 않았다.

마음속의
모든 욕망과 욕정이
흔적도 없이
사라져 버리고

서벅돌 같은
나의 몸만이

허허로웠다.

2005.9

별일이 있을 게 뭐 있나…

별일 없냐고 묻는 내게

친구는 나른한 목소리로 혹은

조금은 지루한 목소리로 그렇게

대답을 하며

말끝에 작은 하품까지 했다…

별일이 있을 게 뭐 있나…

그 평온함이

그 아늑함이

부러워서

나는 찔끔 눈물이 났다.

2005. 8

빗소리를 기다리며

한밤중 문득
등골로 치밀어 오르는 아픔에 설핏 잠이 깨었다.
온몸이 쪼그라드는 듯한 아픔은
바로 심장으로 꽂혀버리는 외로움이다.

빗소리를 들으러 열어 놓은
창문으로는
후끈 습한 바람만 불어오고
으스스한 떨림으로
걷어챴던 이불을 끌어당겨 가슴까지 덮어본다
쉽게 다시 잠이 오지 않을 게다.

창밖엔 그래도 시간이 흐르고
구름이 흐르고
곧 비가 올 터이다
빗소리 후두둑 들려올 참이다.

2006. 7,「문학세계」18호 수록

비

잠결에 들리는 빗소리는
어지간히
고즈넉하다.

또 한 번의
눈부신 비상을 위한
저
끝없는 추락.

하찮은 일로
분노하고 괴로워하다
쓸쓸하게 잠든
내 귓가에
밤이
깊도록…

2004. 8

길을 걷다

길을 걷는다.
나만의 아픔 가득 안고.

유유히 스쳐 가는
수많은 사람들은
나의 아픔에 전혀 관계하지 않는다.

한참을 걷다
문득 서서 뒤돌아본다.

스쳐 지나온 많은 사람들의 어깨엔
각자의 아픔이 얹혀있다.

무심히 나도
그들의 아픔에 전혀 관계하지 않고
그들 곁을 스치며 지나온 것을…

2005.11

슬픔 총량의 법칙

 엄마가 처음 암 판정을 받고 우리 곁을 떠나기까지, 아마 내가 죽는 날까지 잊을 수 없을 수많은 일들이 있었지만 가장 힘들었던 순간을 꼽으라면 단연 병원에서 암 환자라는 선고를 받은 첫날이다. 육체가 무너져가는 고통을 직접 겪은 당사자의 생각은 조금 다를 수도 있겠으나, 비슷한 일을 겪은 가족들이라면 나처럼 생각하는 경우가 많지 않을까 싶다.

 태어난 이래 줄곧 발 디뎌 온, 안온한 일상과 사소한 갈등이 반복되는 약간의 불안 위에 지어진 세상은 전조도 없이 폭삭 주저앉는다. 그와 동시에 영원한 이별에 대한 공포와 고통으로 가득 찬 세상으로 까마득히 떠밀려지며, 두 번 다시 이전으론 돌아갈 수 없음을 관통당하듯 선뜻하게 깨닫는 순간.

 당시 나는 학원 강사로 근무 중이어서 서울 자취 집에 혼자 있었고, 방학 중이던 동생이 본가에 내려가서 엄마의 정밀검사 과정을 함께 하고 있었다. 검사 결과 연락을 기다리는 만 하루 동안 말 그대로 고문을 당하는 기분이었는데, 결국 들려온 소식은 상상할 수 있었던 최악의 상황이었다.

 그래도 검사 과정을 기다리는 불안한 상태보다는 한결 마음이 나았다. 긴장이 풀리며 갑자기 심한 속 쓰림과 어지러움이 몰려왔다. 내내 아무것도 먹지를 못한 것이 떠올랐다. 곧 출근할 시간인데 이대로는 안 되겠다 싶어 겨우 몸을 일으켜서 컵라면을 끓였다. 아무리 먹으려고 노력해도 한 숟가락도 제대로 뜨지 못한 채 결국 반도 못 먹고 말았다. 그날 그대로 버릴 수 밖에 없던 그 컵라면의 쓰디쓴 맛을 잊을 수 없다. 이후로 오래도록 컵라면을 다시 먹지 못했다. 그때는 죽을 때까지 못 먹을 것 같았는데, 10년쯤 지나니 다시 먹을 수는 있게 되었다. 그래도 어쩌다 먹을 때면 그날의 고통스러운 기억이 떠오르곤 했다.

20년 가까이 지난 지금은 컵라면을 아무렇지 않게 잘 먹는다. 이전 세상으로 돌아갈 수는 없었지만, 건널 수 없는 강의 끝에서 두 세상은 하나가 되었다. 애초에 다른 세상이 아니었다. 어린 내 눈에 보이지 않았던 것뿐, 엄마의 치료를 위해 함께 병원에 들어서며 알게 되었다. 우리의 사연은 특별하지 않았다. 도처에 아픔과 죽음과 슬픔이 가득했다. 세상은 원래 그런 것이었다.

순도 100퍼센트의 슬픔이 주는 고통

그럼에도 모든 슬픔에는 그만의 특별함이 있기도 하다. 우리 슬픔의 특별함은 그전 세상이 지나칠 정도로 아름다웠다는 것에서 기인했다. 이상에 가까울 정도로 평화롭고 안온한 가정에서 자라난 덕에 난 그때까지 불행이라는 것에 면역이 없었다. 나이 들면서 친구들과 주변인의 온갖 '가정사'를 통해 내가 원가정에서 누린 행복은 전혀 당연하지 않은, 외려 놀라운 확률의 행운이라는 사실을 차츰 깨닫게 되었다.

그때부터 이미 내 속엔 희미한 불안이 자리 잡기 시작했다. 내게만 이런 행운이 영원히 허락되어야 할 이유 따윈 없었으니까.

그러므로 엄마를 떠나보내는 길에 원망이나 회한은 없었다. 두려움도 그리 크지 않았다. 나는 이미 스물다섯이었고, 엄마에게 받아야 할 것은 이미 넘치도록 다 받았다고 생각했다. 지금도 그 생각은 변함없다. 스물다섯에 엄마를 떠나보냈어야 하는 마음보다 스물다섯인 딸을 두고 떠났어야 하는 엄마의 마음이 비교할 수 없이 무거웠으리라. 두엇보다 이른 나이에 죽음이라는 원초적 공포에 홀로 맞닥뜨린 심정은 어땠을까. 통증과 신체기능 저하로 서서히 일상이 망가져 가는 경험은 또 어땠을까.

우리가 누린 행복은 함께 했고, 서로 사랑하기 때문에 모두 누릴 수 있었던 것인데, 아무리 사랑하고 아무리 노력해도 그 고통은 나눠질 수 없다는 사실이 슬펐다. 오히려 사랑했던 만큼 헤어지는 고통이, 고통을 함께할 수 없는 슬픔이 커진다는 사실 때문에 또 한 번 슬펐다.

우리의 슬픔은 순도 100퍼센트의 슬픔이었다. 상실의 맥락이 복잡하면 그에 따르는 감정도 그럴 수밖에 없다. 순도 100퍼센트의 슬픔이란, 이유 없이 받았던 순수한 사랑을 이유 없이 잃었을 때 따르는 것이다.

순도가 높은 슬픔과 복잡한 다른 감정이 뒤섞인 슬픔 중 어느 쪽이 더 견디기 힘든 것인지는 모르겠다. 의미 있는 비교가 아닐지 모르지만, 간접 경험으로 볼 때 애증과 같은 복잡한 감정의 대상과 이별한 뒤 후유증이 처리하기 더 어려운 것 같기도 하다. 술을 섞어 마시고 난 뒤 숙취가 더 심한 것처럼 말이다.

하지만 순수한 슬픔이 유독 끔찍한 점이라면, 그것이 다름 아닌 사랑의 대가라는 사실이다. 사랑하는 이와의 사별을 주제로 한 영화 「샤도우랜드」에 유명한 대사가 있다.

"지금의 고통은 그때 행복의 일부이다."

인정할 수밖에 없는 말이지만, 너무나 잔인한 말이기도 하다. 만약 그들에게 지금의 고통을 겪지 않는 대신, 그때의 사랑과 행복을 포기할 기회가 주어진다면 어떤 선택을 할까? 경험자로서 장담하건대, 아마 모두가 고민은 하겠지만, 결국 사랑을 선택할 것이다. 진짜 사랑이라면 경험한 순간 절대적으로 소중한 존재가 되기에 어떤 아픔이 따른대도 포기할 수가 없다. 우리는 슬퍼질 것을 알면서도 사랑할 수밖에 없는 것이다.

그러니 소중한 존재가 생긴다는 것은 슬픈 일이다. 살아있는 한 언젠가는 헤어지게 되니까.

세 명의 조카를 처음 만났을 때 난 슬퍼지고 말았다. 이 아이들을 사랑할 수밖에 없다는 것을 알았기 때문이다. 아이들에게 무슨 일이 생기면 나는 남은 생을 제대로 살아갈 수 없으리라. 나는 세상을 믿지 않는다. 세상에 인질을 잡힌 것 같은 기분에 분하기도 했다. 물론 엄마와의 인연이 그랬듯, 나의 선택과 상관없이 운명과는 늘 지는 싸움이란 사실을 잘 알고 있다. 그래서 분한 마음도 곧 슬픔이 되고 만다.

운명이 주는 찬란한 선물의 대가

요즘은 아빠를 볼 때 이런 마음이 조금씩 짙어진다. 아빠 역시 우리 자매처럼 엄마와 헤어진 뒤로도 건강하고 씩씩하게 잘 지내오셨다. 그래도 매일 조금씩 더 슬퍼지는 것은 어쩔 수 없다. 부모님이 일찍 돌아가시는 것도 슬픈 일이지만, 부모님이 늙어가는 모습을 지켜보는 것도 슬픈 일이다. 결국 슬픔의 총량은 같은 것 같다.

엄마에게 좋은 남편이었고, 엄마가 있을 때나, 없을 때나 늘 좋은 아버지였던 우리 아빠는 아직도 내 세상의 기둥이다. 그만큼 순도 높은 슬픔을 난 속수무책으로 쌓아만 간다.

나의 남편은 내가 전혀 기대한 적도 없는 선물이다. 여기까진 굳이 채우지 않아도 괜찮다고 생각했던 내 삶의 빈자리를 그는 아낌없이 채워주었다. 그의 삶엔 빈자리가 나보다 훨씬 더 괎았다. 나보다 더 어린 나이에 부모님을 차례로 여의었다. 의지할 만한 다른 가족도 없이 외로운 세월을 오래 보냈고, 심지어 사랑하던 반려묘마저 너무 빨리 하늘로 가버렸다. 나보다 먼저 죽는 것은 남편의 소원이다. 나의 소원도 그렇다. 하지만 다시 말하는데, 난 세상을 믿지 않는다. 기대하지도 않았던 선물을 주고는, 그 대가를 이자까지 한 푼의 에누리도 없이 뜯어 가는 것이 바로 운명이니까.

사랑은 존재의 근본이고, 슬픔과 고통은 그 대가이며 삶의 일부라는 결론은 수많은 철학과 종교에서 하나같이 말해 온 진리와 다름없다. 머리로는 이해했고 어느 순간은 가슴으로 느낀 적도 있지만, 그럼에도 불구하고 삶은 살 만하고 사랑할 가치가 있다는 데까지 납득하기는 쉽지 않다. 인간으로 태어난 이상 죽을 때까지 최선을 다해 살아가야 한다는 것은 인정한다. 그러나 사는 것 자체가 정말 좋은 일인지는 솔직히 잘 모르겠다.

여전히 나는 무척이나 운이 좋은 사람에 속한다. 이만한 내 삶을 사랑하지 못할 이유도 찾을 수 없다. 그렇지만 나름의 이유로 삶을 포기하려는 사람에게 삶을 강권할 만한 근원적인 확신 또한 아직 찾지 못했다. 나는 신앙이 있는 사람인데도 그렇다. 그런 확신을 가진 사람들을 보면 신기하기도 하고 부럽기도 하고, 한편으론 좀 의아하기도 하다.

나의 소중한 사람들이 걱정이나 오해를 할까 봐 이런 이야기는 좀처럼 꺼내기 힘들다. 다시 엄마를 만난다면 꼭 이런 이야기를 해보고 싶다. 엄마도 젊은 시절 삶의 의미에 대해 많은 고민과 방황을 했다고 들었다. 그러다 첫 아이, 그러니까 나를 품에 안았을 때, 비로소 자신이 살아야 하는 이유를 확신하게 되었다는 이야기를 내게 들려준 적이 있다.

엄마에게 그런 존재였다는 이유만으로 내가 힘껏 살아가야 할 이유는 충분하다. 그래도 조금만 더 물어보고 싶다. 어머니와 자신의 죽음을 차례로 마주하면서도 그 확신에 흔들림이 없었는지, 심경의 변화가 있었다면 어땠는지. 엄마라면 이런 내 의문을 괘씸하거나 서운하게 여기지 않고 허심탄회하게 그 답을 나눠줄 것이라 믿는다. 어쩌면 이런 믿음 또한 나에게 영원한 슬픔으로 남을 뿐이지만….

그대의 마음

아무리 두드려도

꼼짝도 않는 거대한 벽

두드리다 두드리다 지쳐

나의 손은 멍이 들고

가슴은 피가 터지고

눈물도 말라버려

휘이잉 달도 없는 사막 같은 나날이더니

어이해 또

산들 입김보다 가벼운 바람에도

그렇게나 사알짝

날아가 버리는 깃털인지…

2005. 2

빈터

빈터

모든 것이 오고 가고

세월 또한 흐르고.

어차피

삶은 시나브로 사위어가는 것임에야…

빌려 받은 생명

빌려 받은 시간

그리고

빌려 받은 사랑.

빈터로

또다시

씨 뿌리려

휘돌아치는 한 줌의 바람이여.

2003. 5

안소연, 「자기 탐 풍경 1」, 2025년, 린넨에 아크릴, 91x65cm

우리가 누린 행복은 모두 함께 했고, 서로 사랑하기 때문에 누릴 수 있었던 것인데,
아무리 사랑하고 아무리 노력해도 그 고통은 나눠질 수 없다는 사실이 슬펐다.
오히려 사랑했던 만큼 헤어지는 고통이,
고통을 함께할 수 없는 슬픔이 커진다는 사실 때문에 또 한 번 슬펐다.

앓이

차라리
한 이틀 푹 앓아누웠으면 좋겠다.

밤새 신열에 시달리며
끝없이 떨어져 내리다가
한순간 반짝
투명한 날개가 펼쳐지며
여기저기로 자유로이 떠도는 나의 영혼…

입술이 메말라 터지고
목은 바짝바짝 타올라
더듬더듬 머리맡에 놓인 물 한 잔 마시려다
목에 걸리는
아… 내 젊은 날의 치기 혹은 순수…

목마름을 그저 축이기보단 더욱더 목마름으로 타며 살리라던…

매시근하게 지나는 나날

시나브로 사위어가는 세월

차라리 한 이틀

푹 앓아누웠으면 좋겠다.

2006.8

옛날 시인처럼

기념품으로 산 펜대에
동네 문방구 전부 돌아다니며 고른
질 좋은 펜촉을 끼우고
가로 스무 칸 세로 열 줄 이백 자 원고지 앞에서
심호흡을 한다.

그윽한 잉크 향은
머릿속을 헤집고 다니던 온갖 상념들을
방울방울 밀어내서는
한 칸 한 칸 자리를 잡아준다.

간간이 압지를 사용하기도 하고
후우 입김으로 남은 잉크의 수분을 날리며
다시 한번 읽어보는 시구절…

나무로 만든 앉은뱅이책상에 앉아 원고지를 넘기다 보면
문풍지 바람에 떨리고

손에 쩍쩍 달라붙는 냉수 한 잔 마시고 싶다…

2004. 2

理性의 숲

새벽안개 속에 홀연히
서리꽃 숲길
은회빛으로 눈부시네
언제던가 이렇게
아무 감정 없이 그대를 투명한 눈빛으로 마주 대했던 것은…

유년의 기억 어느 먼 미지에서 날아온 카드 속에서나 본 듯한
오직 정적만이 감돌며 빛나기만 하는 그 마을
왠지 깊이 빠지고만 말았던 그 침묵 속의 마을 그림처럼…

너무나 많은 빛깔과 너무나 많은 소리로 내 숲은 물들어
막상 이렇게 갑작스레
나타나 버린 서리꽃 숲은 탁 숨조차 막혀버린다.

황홀하도록 맑은 이 숲은
아무래도 너무 차거운 것이 아닐까…
주춤대며 나는 뒷걸음질 치고 싶다

전설처럼 혹은

기도처럼

어디선가 빨간 새 한 마리

포로롱 날아와 주었으면 좋겠다…

지금 이 서리꽃 숲으로… …

2006. 7, 「문학세계」 18호 수록

시인 엄마, 소설가 딸

어릴 적부터 책 읽기와 글쓰기에 미쳐 있던 나는 자연스레 작가라는 진로를 꿈꿨다. 애초에 어린 시절부터 꿈꿨던 길로 순조롭게 걸어온 셈인데, 재능이나 노력보다 환경과 상황이 받쳐 준 덕이라 생각한다. 가장 큰 뒷받침은 물론 부모님이었다. 내가 어릴 때만 해도 공부를 잘해서 안정된 미래가 기대되는 학생이 작가 따위의 진로를 꿈꾼다는 건 모두가 뜯어말려야 하는 일로 여기던 시절이었다(지금도 크게 달라진 건 없다고 본다). 학교 선생님을 포함한 주변 어른들이 어린 나의 꿈을 문제시할 때가 많았지만, 다행스럽게도 우리 부모님께선 늘 자녀들의 뜻을 믿고 존중해주셨다.

특히 큰딸인 내가 자신의 못다 이룬 꿈을 이어주리라 기대하셨던 엄마는 나의 등단 여정에 지지자였을 뿐 아니라 스승이며 동료이기도 했다. 엄마는 고등학생 때 청소년문예지 「학원」이 주최하는 문학상 시 부문에 당선된 이력의 소유자였다. 당시 '학원 문학상'은 대단히 권위 있는 상으로 당대 한국문학의 중추적 역할을 한 많은 문인의 등용문이기도 했다. 진로에 확신을 갖고 국문과에 진학한 엄마는 자신의 '인생 작품'인 소설 『소나기』의 저자 황순원 교수를 스승으로 모시는 기쁨을 누리기도 했다. 이후로 출판·문학계에서 활발히 활동하신 동기들에 따르면 대학 시절에도 상당히 촉망받는 학생이었다고 한다.

그러나 촉망받던 문학도는 대학을 졸업한 뒤로 꿈을 접고 나의 '엄마'가 되어 평생을 가정에 헌신하였다. 나누었던 수많은 대화 속에서 엄마는 내게 문학도로서 간직했던 꿈과 추억과 경험을 풍성히 전해주되, 회한이나 아쉬움을 표했던 적은 거의 없다. 지금 내가 당시 엄마의 나이가 되어, 엄마가 못 이룬 꿈을 어느 정도나마 이룬 자리에서 다시금 돌아보아도, 엄마는 자신이 꿈을 이루지 못한 이유를 작가로서 생활할 만한 여유가 없었다든지 하는 외적 원인으로 돌린 적은 없는 것 같다. 충분히 그리 여길 수 있는 상황이었는데도 말이다. 평소 엄마의 철학과 성품을 보면 납득이 가는 일이다. 삶과 예술에 대한 순수한 이상만큼 본인에 대한 기준은 엄격한 분이었다. 스스로 문인의 길을 감당할 만한 그릇이 아니라고 판단하셨을 것이다.

달라도 너무나 다른 모녀의 글쓰기

어릴 적부터 작가를 꿈꾸는 내게 엄마는 만류는커녕 염려 한마디 하신 적이 없다. 물론 자녀를 온전히 객관적으로 평가할 수 있는 이는 드물 것이다. 다만 엄마는 늘 "내 딸이라 하는 말이 아니라"를 강조하며 무조건 격려가 아닌 현실적 조언도 아끼지 않으셨다. 가장 중점을 두셨던 것은 작가로서 내 특유의 성향과 강점이었다.

아닌 게 아니라 우리 모녀는 문학과 예술을 사랑한다는 점 이외의

취향이나 성격, 글을 쓰는 관점이나 성향까지 달라도 너무나 달랐다. 엄마가 순간의 심상을 섬세하게 포착한 간결하고 여운이 남는 글을 추구한다면, 나는 현상의 맥락을 정밀히 분석해 긴 호흡으로 풀어내는 논리적인 글을 추구했다. 엄마가 일상의 작은 아름다움을 통해 영원한 빛의 실마리를 찾으려 한다면, 나는 인간사의 어둠을 직시함으로써 삶의 진실에 다가가고 싶어 했다. 한 마디로 엄마가 천생 운문가라면, 나는 천생 산문가였다.

이런 극단의 차이 때문에 우리는 종종 서로 놀라고 오해하고 때론 논쟁을 벌이기까지 했다. 그러나 함께 노력하는 작가 지망생으로서는 오히려 서로 일깨우고 자극하며 시야를 넓히는 지점이 되기도 했다. 특히 엄마는 본인과 다른 나의 성향을 높이 평가하고 존중해주셨다. 엄마는 주로 시를 써오셨지만, 대학 시절 황순원 선생님께 "소설에 재능이 있으니 소설을 써보라."는 말씀을 줄곧 들으셨다고 한다. 그러나 엄마는 스스로 소설가의 재목은 못 된다며, '엉덩이가 충분히 무겁지 않아서'라고 하셨다. 바로 그 이유로 내 소설가의 꿈을 적극적으로 격려하셨고, 문학 외 연구·교육 분야도 추천하셨다.

성향의 차이를 넘어 절대적으로 강조하고 가르치셨던 태도와 원칙들도 있다. 우선 일체의 군더더기와 허세를 경계하셨다. 언제나 "같은 의미를 전달할 수 있다면 가장 짧고, 쉬운 글이 잘 쓴 글"이라고 하셨다. "진정한 작가란 '쓰고 싶은' 이야기가 아니라 '쓸 수 있는' 이야기를 쓰는 사람"이라는 말씀도 자주 하셨다. "좋은 예술가는 예술가이기 이

전에 좋은 인간이 되어야 한다."고도 하셨다. 삶과 예술 앞에 늘 스스로 정직할 것을 다짐하셨던 것이다. 어릴 적엔 저런 말들의 의미를 정확히 이해하지는 못했지만, 엄마의 지도 아래 언제나 간결하고, 정확하고, 쉬운 글을 쓰는 훈련을 했다. 지금도 글을 퇴고하거나 평가할 때 가장 중요하게 여기는 기준들이다.

그러면서도 엄마는 자신의 경험이나 기준을 고집하지 않고, 늘 나를 포함한 다음 세대들의 말에 귀 기울이며 열린 마음으로 시대를 읽고 자신의 관점을 다듬었다. 엄마는 딸을 올바른 작가로 키워내는 일이 문학에 품었던 이상을 조금이나마 실현하는 길이라 믿었던 것 같지만, 자신도 언제든 올바른 작가가 될 준비를 게을리하지 않았던 셈이다.

나도 막상 성인이 되어 본격적으로 작가로서 진로를 모색하려고 보니 불안하고 혼란스러운 현실에 맞닥뜨리기도 했다. 그럼에도 부모님의 변함없는 지지 덕에 용기를 갖고 등단 준비에 전념해 보기로 결심했다.

인생의 고비를 지날 때, 다시 펜을 잡다

그 시점 수십 년간 묻어두었던 엄마의 시심詩心을 단숨에 폭발시키는 사건이 일어났다. 내가 중학생 때 암을 선고받고 7년간 투병하시던 외할머니께서 끝내 세상을 떠나신 것이다. 외할머니를 보내고 한 달 만에 엄마는 학생 시절 습작 이후 처음으로 자신의 이름을 걸고 쓴 시 한 편을 완성했다. 그 뒤로는 생이 다할 때까지 한 달에 한두 편씩 꾸준히 시를 완성했으니, 순간의 감상으로 시작한 시작詩作은 아니었다.

어머니를 여의고 시인으로서 자아를 되찾은 그 개연성을 온전히 이해하기는 아직도, 아마도 영원히 어려울 것이다. 당시 어린 내 눈엔 그런 엄마의 변화가 그저 놀랍고 신기할 뿐이었고, 어쨌거나 엄마가 스스로 창작의 열정을 되찾은 건 반가운 일이라 생각했다. 그때부터 우리는 각자 소설과 시로써 등단을 목표로 함께 달리는 진짜 동료가 되었다.

그로부터 겨우 2년 반 뒤 엄마에게 느닷없는 말기 암 선고가 닥쳤다. 이제 와 돌아보니 엄마는 다름 아닌 자신의 생명을 연료로 창작혼을 불태웠던 것이다. 물론 당시 엄마를 포함한 우리 가족 모두는 다만 그 생명을 살리기 위해 한마음으로 모든 노력을 다했다. 나 역시 습작이고 뭐고 다 집어치우고 간병에만 매달렸다.

그러나 시인은 그 와중에도 시작을 멈추지 않았다. 아니, 고통스러운 투병과 죽음을 앞둔 공포와 슬픔 가운데서 엄마는 더욱 간절히 시를 붙들었고, 엄마의 시는 점점 빠른 속도로 타들어 가는 생명의 불꽃을 먹고 더 깊고 찬란하게 달아올랐다.

그 모든 순간이 엄마가 남긴 시어 하나하나에 선연히 아로새겨져 있다. 엄마는 암 선고를 받는 순간부터 치유의 희망을 놓지 않음과 동시에 의연히 죽음을 준비했지만, 따로 유서나 투병기 따위를 남기지는 않았다. 1년 반 남짓의 투병 기간, 시작을 통틀어 만 4년간 남긴 시들이 그 모든 것이었다.

엄마는 결코 '방구석 시인'은 아니었다. 진정 작가를 꿈꾸는 이라면 아무리 부족하게 여겨지는 작품이라도 가능한 한 많은 사람들에게 읽히고 검증받아야 한다고 늘 말씀하셨다. 엄마는 본격적으로 시를 쓰기 시작했을 때부터 한 온라인 문학 커뮤니티에서 활발히 활동했다. 몇몇 등단 시인들과 시 애호가들이 함께 하는 게시판에 완성된 시를 올리고 비평을 나누었다.

그렇게 워드 프로그램으로 쓴 시를 종이에 출력해 오려서 아름다운 꽃무늬 노트에 붙이고, 날짜는 손 글씨로 기록했다. 커뮤니티에서 받은 비평 글도 정성스럽게 오려서 시 옆에 붙여놓았다. 손때가 묻기도 전에 주인을 잃은 그 노트엔 세상을 떠나기 한 달 전까지 쓴 62편의 시가 지금도 정갈하게 붙어있다.

다행히도 엄마는 세상을 떠나기 몇 달 전, 함께 커뮤니티에서 활동하던 작가님들의 추천으로 문예지 「문학세계」 17호 신인상을 수상함으로써 정식 등단할 수 있었다. 그러나 나의 작품이 세상에 나오는 것은 보지 못하고 가셨다. 당시 나는 장편소설 데뷔작을 준비하고 있었는데, 갑작스러운 간병 생활을 시작한 뒤로는 도저히 집중하기 어려웠다. 엄마가 투병 중에도 창작에 매진하는 모습을 보고 마음을 다잡았다. 틈틈이 간병 일기를 썼다. 운신이 제한되어 있어 시간적 여유는 많았지만, 고통스러운 경험을 상기하고 표현하는 일 자체가 버거울 때가 많았다. 그래도 그것만이 나와 엄마를 위해 할 수 있는 최선이라 믿었다. 생활이 안정되고 나서는 다시 조금씩 소설도 쓸 수 있었다.

엄마가 돌아가시고 나서는 주변을 정리하느라 시간이 오래 걸렸다. 우리 가정에서 엄마가 해온 역할이 너무도 컸다. 제1의 후원자이자 독자이자 비평가였던 자리가 텅 빈 채로 습작을 계속한다는 일도 막막하게만 느껴지곤 했다. 그럼에도 그 길을 포기하거나 의심하는 마음이 든 적은 없었다. 엄마가 일생 보여준 믿음을 이제는 내가 모든 것을 다해 증명할 차례였다. 엄마 생전 준비하던 작품을 완성하기 위해 노력하면서, 이별 뒤에 만난 마음들도 그때그때 기록해두었다.

다시 만난 그때의 내가 들려준 이야기

엄마와 헤어진 지 5년 반이 흘러 드디어 나의 첫 소설이 출간되었다. 이후 가능성을 인정받아 천천히, 그러나 꾸준히 작가로서 이력을 쌓아갈 수 있었다. 꿈에 그리던 길에 마침내 들어서고 나니 나의 재능과 열정이 너무나 보잘것없는 수준임을 깨닫고 꿈에서 깬 듯 어쩔 줄 모르기도 했지만, 포기하지 않고 한 발씩 내딛다 보니 엄마가 생전 이야기했던 나의 가능성을 조금씩 확인할 수 있었다. 그렇게 정신없이 살다 보니 엄마의 빈자리도 차차 희미해져 갔다.

나의 욕심은 작가로서 어느 정도 입지를 얻고 난 뒤 엄마의 유작을 출간하여 많은 독자와 만날 수 있도록 하는 것이었다. 그 핑계로 나는 엄마가 남긴 글과 헤어지는 길에 내가 남긴 글들은 언제부턴가 다시 쳐다보지 않게 되었다.

'때가 되면, 내가 좀 더 유명해지면…,'

실은 알고 있었다. 준비가 되지 않은 것은 나의 입지가 아니라 마음이라는 걸. '지금쯤?' 하고 노트북 폴더 깊숙이 넣어 둔 파일을 열어 조금 읽어 내려가기 시작할 때마다 심장이 뜨거운 것에 데는 기분에 서둘러 닫아버리며 중얼거리곤 했다.

'아냐, 아직 때가 아냐. 조금만 더 있다가…'

이제야 비로소 무디어진 상처의 생생한 기억을 다시 헤집을 엄두가 나지 않았다. 그렇게 마냥 미루고만 있던 내게 어느 날 큰 불덩이가 떨어졌다. 문득 아빠의 얼굴에서 발견한, 부쩍 늘어버린 주름살. 거울 속 내 나이를 발견할 때의 아쉬움 따위와는 차원이 다른 위기감. 그제야 이런저런 생각할 틈도 없이 쫓기듯 십여 년간 열었다가 닫기만 하던 파일을 열어 쭉 훑었다.

그런데 놀랍게도, 익숙한 아픔과 그리움이라고만 생각했던 이야기들 안에 완전히 새로운 만남이 기다리고 있었다. 익히 다 알고 있다고 넘겼던 내용들이 새록새록 다르게 읽혔다. 덮어두고 있던 세월을 넘어 어느덧 지금 나보다 겨우 몇 년 더 살았던 이가 끝내 세상에 남기고자 한 땀 한 땀 놓아둔 시어들, 그리고 스물다섯 나이에 세상 모든 걸 깨달은 줄 알고서 거침없이 풀어놓은 풋내 나는 문장들, 그 행간의 수많은 의미가 마치 멀리서 봐야 드러나는 비밀스러운 무늬처럼 눈앞에 펼쳐지기 시작했다.

비로소 나는 나를 이 자리에 불러 앉힌 것이 바로 엄마였다는 사실을 깨달았다. 종교적이거나 주술적인 의미도, 개념적이거나 비유적인 표현도 아니다. 인류 역사를 통해 수많은 이들이 하나같이 증언해 온 문학의 역할, 사랑의 본질에 관한 이야기다.

가장 새롭게 놀라웠던 글은 여고생 장은옥이 처음 문예지에 당선되었던 시와 그 소감이었다.

낙엽길

걸으면
낙엽 소리뿐.

가끔 밟히는
이름 모를 열매.

듣는 이 없어도
노래하는 산새.

밤이 찾아들어
잎사귀에 졸음이 찾아들면
별빛이 머물고

하얀 달빛 속에

꿈꿀 수 있어

잠드는 길.

그리고

아무도 모르는 길.

그 길에

나는

바람 되리라.

(1971년, 제14회 「학원」 문학상 시 부문 고등부 특선작)

당선 소감 : 스스로에게 인정받고파

저의 작품이 당선되었다니 우선 기쁩니다. 그리고 새삼 저를 밀어주신 여러분께 감사를 올립니다. 기쁜 일을 당했을 때 기쁘다는 말 이외에 또 어떤 말이 필요하겠습니까? 다만 기쁨과 아울러 앞으로 더욱 참된 글을 써보겠다는 욕심이 생깁니다.

앞으로 문학을 하고 싶다든가 하는 말을 저는 할 수 없습니다. 아니, 문학의 올바른 뜻마저 알고 있을까 모르겠습니다만 저는 생활하는 태도로 글을 쓰고 또한 글 쓰는 태도로 생활해 보려고 할 뿐입니다.

특히나 소박한 자연에 감히 벗이 되고자 합니다. 자기도취나 자기만족이 될지도 모르겠으나 저는 저의 작품들이 남에게서 인정을 받는 것보다는 스스로에게 인정받고 싶습니다. 어느 여름 저녁 바다를 보았을 때의 감격이 아직도 큰 저는 수차례에 걸쳐 그 감격을 글로 옮겨 보려고 하였으나 모두 실패하고 말았습니다.

그러나 앞으로도 계속 이 시도를 그치지 않으려 합니다. 그것은 무엇을 위해서라기보다는 그 감격을 영원히 저의 것으로 갖고 싶기 때문입니다. 스스로 너무나 큰 부족감을 느끼면서 당선의 기쁨을 여기 적어보았습니다. 감사합니다.

열일곱 문학소녀의 맑은 서정과 수줍은 야심을 정갈하게 압축해 담은 저 문장들은 엄마의 오십삼 년의 생애 동안 한결같았고, 끝내 완성되었으며, 글과 말과 삶을 통해 내게 각인되었다. 나 역시 언제가 될지 모르나 죽는 날까지 그 길만을 따라가야 할 운명임을 새삼 깨달았다. 그렇기에 나도 언제나 '스스로 너무나 큰 부족감을 느끼'면서도 '기쁨과 아울러 앞으로 더욱 참된 글을 써보겠다는 욕심'을 가지고 '생활하는 태도로 글을 쓰고 또한 글 쓰는 태도로 생활해 보려고' 한다.

달라도 너무 다르다고 생각했지만, 결국 우리가 찾아 헤매던 곳은 같았던 것이다. 시이든 산문이든 잠시 갈라졌던 길일 뿐. 아주 오래전 모든 이야기는 노래였고, 모든 노래는 이야기였듯이.

안소영, 「시가 된 풍경 2, 엄마와 나」, 2025년, 린넨에 아크릴, 91×65cm

비로소 나는 나를 이 자리에 불러 앉힌 것이 바로 엄마였다는 사실을 깨달았다.
종교적이거나 주술적인 의미도, 개념적이거나 비유적인 표현도 아니다.
인류 역사를 통해 수많은 이들이 하나같이 증언해 온 문학의 역할,
사랑의 본질에 관한 이야기다.

들풀을 뽑다가

한 포기 들풀
그대 이름조차 모른 채
무심코 뽑아 던졌소이다.

긴긴 어둠과 추위를 견디고
물 한 모금 퍼다 뿌려 주지 않았어도
뿌리 내리고 줄기 키워
이제 꽃피우고 향내 하늘로 올려보내려 애써 왔건만
습관처럼 그저 불쑥 내민 손이
그대의 모든 것을 순식간에 뽑아버렸소이다.

그대가 보여줄 어떤 빛깔도
그대가 뿜어낼 어떤 향내도
그대가 흔들리며 들려줄 어떤 노래와 몸짓도…

그 옛날
아무 이유도 모른 채 끌려와 원수진 것도 없는 이들과 싸우다

외로이 죽어 산야에 던져진 채

그저 그때 죽은 자가 수만이었다 라는 한 줄 역사서 속에 나오는

그 누구의 살 한 점이

혹 그대의 숨결로 피어났던 것은 아닌지…

돌아갈 그날만을 기다리다 누가 쏜 지도 모르는 총탄에 쓰러지며 흘린

그저 그때 전사한 병사가 수만이었다는 한 줄 기록으로만 스쳐 간

그 누구의 뜨거운 피눈물이

혹 그대의 꽃잎으로 피어나려던 건 아닌지…

용서하오…그대

무심한 손길에 뽑혀

무심한 발길에 밟혀

흔적조차 희미해져 가는 그대여

그대 또한

이 세상에

기적 같은 생명으로 왔었건만…

2004. 2

바람 부는 밤

총총히 박혔던
별들은
다
떨어져 버렸다.

이 밤
누가
기막힌 사랑을
버리나보다…

2003. 5

한 번 만나야지

한 번 만나야지
꼭 한 번 만나자구
올해 가기 전에 한 번 뭉치자
그렇게 수없이 말을 쏟아내며
우리는 덧없이 흘러가는 세월만 탓했지.

기어이
성미 급한 친구가
아직은 아니라고 느긋해 있는 지금
훌쩍 먼 길을 떠나버리고 난 뒤에야
우리는 허겁지겁
그 많던 핑계를 떨치고
모여들었다.

그 옛날처럼
소리를 고래고래 질러야
겨우 목소리를 알아들을 수 있는

락카페도 아니고,
향기 그윽한
창 넓은 찻집도 아니고,
차가운 흰 국화만이 놓여있는
어느 종합병원
영안실 장례식장에서
우리는 얼떨떨한 얼굴을 마주 보며
민망하게
앉아 있었지.

이젠 정말 한 달에 한 번이라도
아니 두 달에 한 번이라도
꼭 만나자
만나며 살자구…
그렇게 맹세하고
먼저 간 친구 사진에 일별하며
우리는
또 총총 흩어져갔다
각각의
걸음걸이로…

2006. 6

언니

동생들과 헤어질 땐 나도 언니라서
씩씩했다…
한두 마디
타이르는 것도 잊지 않고
의젓하게.

언니랑 헤어지려니
멋진 인사말은커녕
눈물부터 나왔다.

엄마의 가슴은 태평양 같다고
언니는 그렇게
세상 떠난 엄마를 그리며 말했지만
내 생각엔
언니 마음이 태평양 같다.

언니 앞에선

잘난 척을 안 해도 된다.
그렇다 해도
맘껏 잘난 척을 해도 된다.

이것저것 해놓고 간
언니의 흔적은
자꾸 하늘을 쳐다보게 한다.

지금 어디쯤 날으고 있을까?
아마
봐도 봐도 끝이 없이
눈부시게 빛나며 장엄하게
모든 것을 다 품고도 고요하기만 한
태평양
그 어디메일 거야.

2005.10

사랑은 이어지고 또 이어진다

다른 사람은 왜 다를까? 어떤 사람은 왜 다른 사람보다 더 다를까? 사람은 어디까지 서로 다를 수 있을까? 아무리 다른 사람이라도 같은 점은 무얼까? 사람이 다른 것과 틀린 것을 어느 선에서 구분해야 할까? 다른 사람들을 어떻게 이해하고 함께 살아갈 수 있을까? 이러한 질문들은 나를 깊이 사로잡았다. 역사와 교육학, 심리학을 공부한 것도, 소설과 교육·실용서를 집필한 것도 모두 이런 질문들을 함께 나누고 싶어서였다.

이 주제로 연구하기 가장 흥미로운 대상이 바로 가족이다. 우리처럼 평범한 가족을 관찰하더라도 다른 사람들이 어떻게 서로를 필요로 하고 또 맞춰 살아가는지, 각자의 같음과 다름이 어떻게 전해지고 이어지는지 다양한 사례를 볼 수 있다.

몹시도 다르지만 멋진 하나였던 부모님

나의 부모님은 서로 정말 몹시도 다른 사람들이었다. 몹시 다른 사람끼리 끌리는 사례들이야 많지만 내가 본 중에서도 가장 상반되는 성향의 부부였다. 시인이었던 엄마는 문학뿐 아니라 음악, 미술, 영화 등

모든 장르의 문화예술을 사랑하고 향유했던 분인 데 반해, 기술자였던 아빠는 영화관조차 평생 엄마와 한두 번 같이 가본 게 전부라고 할 정도로 예술 쪽 취미는 전혀 없는 분이었다.

대신 아빠는 쉬는 날도 거의 집안에 계신 적이 없을 정도로 활동적이며 특히 운동을 즐기는 분이었는데, 엄마는 집에서 혼자 보내는 시간을 가장 소중히 여기며 운동을 즐거운 마음으로 한 적은 한 번도 없다는 분이었다. 엄마는 섬세하고 조심스러운 만큼 감정 기복이 있는 편이었던 반면, 아빠는 냉철하고 대담하며 평정심을 잘 지키는 분이었다. 엄마는 신앙을 떠나 영성에 민감하고 진지한 분이었던 데 반해, 아빠는 철저한 유물론자였다. 그 외에도 두 분이 다른 사람보다 더 다른 점들은 셀 수 없이 많았다.

그런 두 분이 부부생활을 맞춰가기가 쉽지는 않으셨을 것이다. 하지만 가장 가까이서 보아온바 실제로 우리 부모님은 누구보다도 사이좋고 행복한 부부였다. 두 분에게는 하고많은 차이점을 덮는 결정적인 공통점이 있었으니, 누가 보든 말든 늘 정직하고 성실하게 살아간다는 점, 그리고 무엇보다 가정을 소중히 여긴다는 점이었다. 부모님을 통해 나는 아무리 다른 사람들이라도 근본적인 가치관이 일치하고 올바른 사랑을 할 수 있다면 서로를 보완하는 멋진 하나가 될 수 있다는 사실을 배웠다.

이런 엄마와 아빠의 다른 점들이 우리 두 자매에게 절묘하게 섞여 이어지는 형국도 재미있다. 나와 여동생도 어릴 적부터 자매치고 너무

안 닮았다는 얘기를 많이 들었을 만큼 성향이 극과 극이다. 나는 엄마에게 내향적인 기질과 문화예술 쪽 적성을, 아빠에겐 기복 없는 뚝심을 물려받았고, 동생은 반대로 아빠의 활달한 기질과 이과 쪽 적성을, 엄마의 다정하고 주의 깊은 성미를 물려받았다. 우리 가족은 각자의 닮은 점과 다른 점이 적절하게 조화를 이루며 나름의 강점을 발휘하는 팀이 되곤 했다.

그 덕에 갑작스레 엄마를 떠나보내는 극단적인 상황도 함께 잘 대처하고 극복할 수 있었다. 엄마가 우리 가정의 돌봄 책임자이자 중재자로서 감당하고 있던 역할이 너무도 컸기에 헤어지는 과정에서, 그 빈자리를 메우는 과정에서 갈등과 방황도 많았다. 그러나 결과적으로 남은 우리 세 가족 모두 내면적으로 성장했고 서로에 대한 이해도 훨씬 더 깊어졌다. 우리는 이것이 엄마가 남기고 간 선물이라 믿는다.

세상에 남겨진 사랑을 기억하며

엄마가 돌아가셨을 당시엔 우리 자매 둘 다 어리기도 했고 결혼 전이기도 해서 아빠의 상실감은 잘 이해하지 못했다. 이제 나이를 먹고 각자 가정을 이루고 자녀들도 키우면서 보니 부모를 여의는 것과는 차원이 다른 배우자 사별의 무게를 실감하게 된다. 언제나 흔들림 없는 큰 기둥 같기만 했던 아빠의 인간적인 고통을 느꼈던 순간들을 통해 아빠를 더 존경하고 감사히 여기게 되었다.

내가 워낙 조숙했던 데다 동생은 어리광쟁이로 자랐던지라 연년생일지라도 그저 철없는 막내로만 여겨왔는데, 엄마를 떠나보내는 길에 누구보다도 든든한 의지가 되어주었다. 엄마의 병이 발견되었을 때 의대생이었던 동생이 혼란스러운 투병 과정에서 실질적으로 많은 역할을 했다. 평소 낙천적이던 나와 아빠가 마지막 순간을 받아들이지 못하고 흔들렸을 때 꿋꿋하게 현실을 지키고 있었던 것도, 엄마가 담당했던 가족과 친지들의 대소사를 지금까지도 꼼꼼히 챙기고 있는 것도 동생이다.

또 하나 중요한 동생의 업적을 꼽자면 바로 아이를 낳은 것이다. 어릴 적부터 "아빠 같은 사람과 결혼해서 엄마처럼 살고 싶다."고 말했던 동생은 아빠와 닮은 점도 많고 다른 점도 많은 남편을 만나 딸 셋을 낳았다. 비슷한 듯 다른 세 아이에게서 그들의 부모는 물론이고 나의 아빠와 엄마, 심지어 이모인 나와도 쏙 빼닮은 구석들을 하나하나 발견하는 순간들이 얼마나 신기하고 감사한지 모른다. 그럼에도 고유한 개성으로 세상에서 유일한 존재인 이 아이들이 어떻게 자라나 누구를 만나고 세상에 무엇을 남기게 될지 무척 궁금하다.

나는 책을 쓰는 것으로 세상에 남길 것은 충분하다고 생각한다. 내가 세상에 내놓는 글은 모두 엄마의 영혼이 낳은 손주나 마찬가지다. 엄마가 내게 전해 준 모든 것은 나의 글을 통해 세상 어딘가로 전해지고 누군가와 연결되고 그를 통해 또 새로운 무언가를 낳으리라.

그리하여 사랑은 사라지지 않고 영원히 이어질 것이다. 다른 존재와 이어지길 바라며, 또 이어질 수 있게 하는 힘이 바로 사랑 아닌가. 그러니 우리는 다름에도 불구하고 사랑하는 것이 아니라, 결국 다르기 때문에 사랑하는 것이 아닐까.

안소영, 「사가된 풍경 3, 판게아 시차」, 2025년, 린넨에 아크릴, 53x45cm

가족이란 반드시 피를 나누었다는 의미는 아닐 것이다.
언제든 돌아갈 수 있는 곳, 서로 어떤 모습이라도 용납되는 곳,
끝내 내 편이란 믿음이 있는 곳, 진정한 휴식이 있는 곳,
나의 첫 기억 속 크리스마스 장식처럼 나에게만은 가장 아름답고 따뜻한 것,
어쩌다 손에 쥔 사탕처럼 마냥 달콤하고 소중한 것,
경험이 많든 적든 없든 끝내 그리운 무엇.

제 2 장

우리의 생은 마지막 날까지
연약하고 찬란하다

엄마는 마지막까지 자신보다 나를 걱정했고, 나는 그런 엄마에게 미안해하지 말라고, 이미 다 받았다고, 지금 가셔도 잘 살 수 있다고 울며 말했다. 말조차 할 수 없이 되어서도 엄마는 "내 마음 너밖에 몰라."라고 적은 쪽지로 내 슬픔을 껴안아 주었다. 이후로도 우리는 많이 슬퍼했지만, 무너지지 않았다. 그리고 마지막 순간, 나는 엄마의 손을 잡고 계속 속삭였다. "괜찮아, 엄마. 다 괜찮아."

12월의 편지

첫눈도 내렸으니
이젠 정말
편지를 써야겠다…

나로 인해 분노했던 그대에게
나로 인해 슬퍼했던 그대에게
나로 인해 괴로웠던 그대에게…

내가 뿌리고도 알지 못하는
수많은 가시들
누군가의 가슴에서
아직도 따끔거리며
헤적이고 다닐 터인데…

미안합니다
용서하세요 라고
간절히…

첫눈에 물든 낙엽 한 장 붙여서

빨간 우체통 그대들 마음으로

보내야겠다… 첫눈도 내렸으니

빠른 등기로…

2004.11

수술 전야

몸속에 남은
마지막 하나까지
다 쏟게 한 후에야 모든 준비는 끝났다

일어날 수 있는 단 일 퍼센트의 상황까지
모두 설명을 들은 후
가족들은
서늘한 마음으로
동의서에 사인을 했다.

내일 아침 11시…

잘 될 거야,
잘 되고말고…
그렇게 서로에게 다짐을 하며 잠자리에 누웠다…

한강 물은 소리 없이

저 혼자 얼어만 가고

동짓달 보름달은

눈이 아리도록 휘영청……

　　　　　　　　　　　2006.1

크리스마스 쿠키

내가
마취에 취해있는 몇 시간

지구 건너편에 살고 있는 언니는
차마 잠을 잘 수가 없어
밤새
쿠키를 구웠다네
달콤하고 부드러운
크리스마스 쿠키

창밖엔 밤새
흰 눈이 사락대고
일 년 내 고마웠던
모든 분들에게 보낼 쿠키가
차곡차곡 쿠키 통에 담겨져 갈 즈음

나는 회복실에서

눈을 떴다

산뜻하게…

2006.1

크리스마스의 추억

　내 생애 첫 기억은 크리스마스와 연관되어 있다. 정확히 말하면 우리 집 거실에 반짝이던 크리스마스 장식들이다. 지금 사진으로 보면 소박하기 짝이 없는 장식들이지만, 어린 내 눈에는 난생처음 보는 너무나 환상적인 광경이었다. 커튼 위쪽에 일렬로 매달린 알록달록한 빛깔의 알전구들이 불을 밝히고, 그 아래 늘어진 금박지 은박지로 만든 술 장식들이 천천히 흔들리며 빛나고 있다. 아직 어두워지지 않은 시간, 창밖에는 함박눈이 펑펑 쏟아지며 온통 하얀 세상인데, TV 화면에서도 눈보라 치는 하얀 거리를 검정 옷에 지팡이를 든 신사가 종종거리며 걷는 장면이 나오고 있다. 요즘은 생활사 박물관에서나 볼 법한 작은 상자 모양에 손으로 다이얼을 돌리는 TV가 당시 우리 집에 있었던 것은 분명하다. 정확히 알 수는 없지만 아마도 당시 방영했던 크리스마스 특선 영화의 한 장면이지 않았을까 싶다.

　나는 이 모든 풍경에 완전히 넋을 빼앗겨 언제까지고, 언제까지고 바라보고 있었다. 그 모든 것 중 가장 내 마음을 사로잡았던 것은 바로 막대사탕이었다. 그림책에서 보았던 것과 똑같은, 빨간색과 흰색 줄무늬의 지팡이 모양 사탕, 얇은 비닐로 싸여 있는 그것을 엄마가 내 손에 쥐어주었다. 그때만 해도 그리 흔치 않은 것이었다.

엄마가 그 사탕을 먹어도 된다고 했는지 아닌지는 기억나지 않지만, 어차피 먹을 생각이 전혀 없었다. 아까워서 먹을 수 있을 리가, 종일 만지작거리다 손에 쥔 채 잠이 들었다. 아침에 눈을 떠 보니 뜨끈한 바닥과 이불 사이에서 그만 사탕이 좀 녹아버렸다. 끈적끈적한 손가락과 흐려진 사탕 무늬를 보며 안타까웠던 마음, 코끝을 찌르는 단 냄새와 너무 뜨거웠던 방바닥의 느낌까지, 마치 컬러로 복각한 흑백영화처럼 날이 갈수록 그리움으로 더욱 선명해지는 내 생애 첫 기억이다.

어린 시절 크리스마스의 추억

이런 내가 크리스마스에 애착이 있는 것도 당연하다 하겠는데, 나의 첫 기억을 만들어준 장본인인 엄마의 애착은 더욱 각별했다. 내가 어릴 적만 해도 어딜 가나 크리스마스 기분을 내는 분위기는 아니었는데, 우리 집은 매해 엄마의 의지에 따라 소소하게나마 집안을 꾸며놓고 당일이면 꼭 온 가족이 모여 크리스마스를 기념하곤 했다.

엄마의 크리스마스는 언제부터 특별해졌을까? 엄마의 어린 시절인 1950년대야말로 우리나라에서 크리스마스 따윈 딴 세상 얘기였을 때지만, 외할아버지가 주한미군에서 근무하셨던 외가는 달랐다. 당시 최전성기를 구가하고 있던 미군에서는 크리스마스 때마다 모든 직원에게 자녀의 수만큼 선물 꾸러미를 제공했다고 한다. 그 안에 들어있던 크리스마스 포장지에 싸인 초콜릿이며 사탕, 장난감 같은 것들은 평소에는 꿈도 못 꿀 물건이었다. 엄마의 형제는 도두 다섯이었는데, 외할아버지는 자녀가 많은 게 민망하다며 선물 꾸러미를 세 개만 받아 오시곤 해서, 그게 좀 서운했다는 추억을 엄마는 들려주곤 했다.

어쨌든 엄마도 유달리 찬란했던 어린 시절 크리스마스의 추억을 간직한 사람으로서 자녀인 우리에게 똑같이 귀한 선물을 해주고 싶은 마음이 들었을 것이다. 마냥 행복하게만 기억되는 그 순간들이 실은 많은 어른들, 특히 어머니의 희생과 헌신으로 빚어졌다는 사실을 기억하고 보답하고 싶은 마음도 함께.

결국 엄마가 사랑한 크리스마스는 '가족'이었으리라. 지금도 전 세계 수많은 사람들이 크리스마스를 기다리고 설레는 이유, 크리스마스라는 명절에 부여하는 의미, 크리스마스를 배경으로 한 이야기에는 절대 빠지지 않는 소재, 바로 가족.

가족이란 반드시 피를 나누었다는 의미는 아닐 것이다. 언제든 돌아갈 수 있는 곳, 서로 어떤 모습이라도 용납되는 곳, 끝내 내 편이란 믿음이 있는 곳, 진정한 휴식이 있는 곳, 나의 첫 기억 속 크리스마스 장식처럼 나에게만은 가장 아름답고 따뜻한 것, 어쩌다 손에 쥔 사탕처럼 마냥 달콤하고 소중한 것, 경험이 많든 적든 없든 끝내 그리운 무엇.

물론 크리스마스의 본래 의미는 종교적인 것이지만, 종교인이 아니라도 인류의 어떤 근원적 열망이 그날을 기원하고 기념하게 되었는지는 이해할 수 있지 않을까. 내가 비롯된 곳과, 함께 비롯된 모든 이들과 다시 단단히 연결되는 것, 결국 가족이다.

예수가 태어난 날이 정확히 12월 25일이란 근거는 없을뿐더러 그 절기는 다른 고대 종교에서 유래했다는 이야기도 있다. 그러나 어차피 정확한 날짜를 알 수도 없고 날짜 자체가 의미 있는 것도 아닌 바에야 1년 중 가장 기쁜 날을 12월 25일로 정한 것은 매우 잘한 일 같다. 그즈음 되면 날씨가 점점 추워지고 해도 짧아진다. 새해를 준비하고 절정의 추위를 견뎌내기 위한 축제가 필요한 때이다. 모두 마음을 모아 인위적으로라도 반짝이고, 따뜻하고, 달콤한 것들을 준비하며, 왁자지껄 웃고 떠들어야 할 때이다.

함께 책을 읽으며 보낸 다정한 시간

글자를 깨치고부터는 엄마가 좋아하는 크리스마스 배경의 이야기들을 함께 나누기 시작했다. 우리가 가장 사랑한 이야기는 『작은 아씨들』이었다. 나와 엄마는 일생 독서 메이트로 지내오면서도 취향은 상당히 달랐는데, 둘 다 '인생 소설' 첫 번째 리스트가 『작은 아씨들』로 일치하는 데는 크리스마스에 관한 정신적 유산이 상당히 영향을 주지 않았나 싶다. 아마 우리 둘 다 『작은 아씨들』을 과장 없이 백 번은 넘게 읽었을 것이다.

엄마가 『작은 아씨들』을 사랑한 이유는 어린 내 눈에도 이해가 가고도 남았다. 우선 주인공 가족의 설정이 엄마의 원가정과 놀랍도록 비

숫하다. 성실하고 자상하나 가정에서 좀 떨어져 있는 아버지, 온화하고 유머러스하며 헌신적인 어머니, 각기 개성적이지만 모두 품행 방정한 네 딸(엄마네는 결국 아들 하나를 추가했다는 차이가 있지만), 게다가 작품의 주인공인 둘째 딸이 왈가닥에 감수성 풍부한 문학소녀라는 설정까지!

소설의 배경인 남북전쟁 시기 미국의 기독교적 세계관, 근대적 가정의 이상향도 엄마의 가치관과 잘 통한다. 나의 가치관은 이와 좀 다르지만, 문학작품으로서 『작은 아씨들』의 특성인 다양하고 입체적인 인물들의 성격 묘사, 극단적 설정이 아닌 소소한 일상사에서 뽑아내는 통찰, 리얼리티와 유머의 균형 등은 내가 작가로서뿐 아니라 생활인으로서 추구하고 선호하는 미덕의 총체라 할 수 있다.

또 하나를 꼽자면 내가 초등학교 4학년 때 엄마에게 선물 받은 『크리스마스의 추억』이란 책으로, 미국 작가 트루먼 카포티가 자신의 어린 시절 크리스마스의 추억을 모티브로 쓴 중편소설 3편을 묶은 작품집이다. 국내에선 그다지 유명한 작가가 아니고 저 작품도 거의 알려지지 않아서 지금은 검색해 봐도 나오는 게 아무것도 없다. 그러나 우린 그 책을 무척이나 좋아해서 역시나 수십 번씩 읽었다.

사실 유년기의 추억이나 향수 같은 감성을 초등학생이 실감하기에는 한계가 있고, 1920년대 미국의 사회문화적 배경에 대한 이해도 좀 필요한 작품이라 당시엔 '별로 재미없는데…'하며 읽었다. 하지만 두고두고 읽을수록 마음을 울렸고, 나이 들어가면서 읽을 때마다 새로운 감상을 만나곤 했다. 이제는 국내에서 다른 판본을 구할 수도 없고, 맨 앞장에 '현경이에게'라는 엄마의 손 글씨가 있는 이 낡은 책은 내가 가장 아끼는 보물 중 하나이다.

그러나 크리스마스를 기다리며 설레는 마음은 우리 가족에게 한동안 먼 이야기가 되었다. 2002년 12월 31일 외할머니가 돌아가신 데 이어 2006년 12월 27일에 엄마가 돌아가셨기 때문이다. 공교롭게도 우리 남편의 부모님도 두 분 모두 기일이 12월인 데다 암으로 돌아가셨다. 이러다 보니 12월은 모두에게 고통스러운 이별의 기억이 지배적인 달이 되었다. 가뜩이나 날도 추워지고 어둠은 길어지는데 말이다.

엄마와 이별하는 과정에서 중요한 장면들에도 크리스마스가 연관되어 있다. 엄마는 투병 시작 이후 맞은 두 번의 크리스마스를 모두 입원 병상에서 보냈다.

마지막 축제

 엄마의 병을 처음 발견한 것은 2005년 7월이었는데, 대장암이 이미 간까지 광범위하게 전이되어 있어 당장은 수술할 수도 없는 상태였다. 항암치료를 먼저 해서 암의 크기를 줄인 뒤 수술을 받기로 했다.
 무더운 여름을 구역질 나는 항암으로 보내고 다행히 차도가 있어 12월 중순 수술을 위해 입원했다. 단순히 전이 부위를 잘라내는 것이 아니라 간으로 가는 대동맥에 관을 연결해 고농도의 항암제를 투여하는 치료법인 '간 색전술'을 위한 시술까지 있어 시간이 오래 걸리는 수술이었다. 게다가 그동안 검사에서 발견하지 못한 전이가 발견되면 수술을 포기해야 하는 수도 있어서 다들 몹시 긴장했다.
 다행히 다른 전이는 없었고 수술은 성공적으로 끝났지만, 항암으로 약해져 있는 몸에 대수술을 받은 엄마는 무척 힘든 시간을 보냈다. 아빠는 대전에서 일하시느라 자주 올라오실 수 없었지만 마침 겨울방학을 맞은 동생이 병원에서 숙식하며 24시간 엄마를 간병했고, 나는 서울 자취 집에서 매일 출퇴근하며 빨래나 생필품들을 실어 날랐다. 6인 입원실 구석에 놓인 제 키보다 짧은 간이침대에서 자야 하는 동생의 수고에 비할 바는 아니라 생각했지만, 편도 1시간 20분 거리를 매일 오가는 일도 쉽지만은 않았다. 설상가상 당시 전국에 기록적인 한파와 폭설이 닥쳤다. 재난 수준의 눈보라와 칼바람을 뚫고 며칠을 오가다 보니 그만 심한 몸살감기에 걸리고 말았다.

사실 워낙 감기를 달고 사는 체질인데, 엄마의 병이 발견된 이래 거의 반년 만에 처음 걸린 감기라는 게 외려 신기한 일이긴 했다. 간병하면서 함께 건강식 잘 챙겨 먹고 규칙적으로 생활하던 루틴이 깨진 것도 있고, 아직 갈 길이 먼 것은 알고 있지만 그래도 수술이라는 중대사가 끝나니 조금이나마 긴장이 풀려버린 것도 이유였을 터. 아무튼 인생에서 손에 꼽힐 만큼 심했던 몸살이었다.

고열과 기침, 콧물은 물론이고 머리부터 발끝, 잇몸까지 구석구석 안 쑤시는 데가 없었다. 하루라도 푹 쉴 틈이 없으니 더욱 힘들었다. 내 아무리 감기 때문에 아파도 생살을 째고 도려낸 엄마만 할까, 생각하긴 했지만 열로 눈앞이 어질어질한 상태에서 한 걸음도 힘든 엄마를 부축하고 다니는 일은 참으로 벅찼고, 내 몸의 한계 때문에 엄마를 잘 챙겨주지 못하는 마음도 괴로웠다.

그 고단했던 며칠간 우리가 붙들 수 있었던 건 그저 시간뿐이었다. 잘 쉬고 챙겨 먹지 못 해도 어쨌든 시간이 가면 감기는 낫고, 생살을 쨌어도 묶어둔 수술 부위는 하루가 다르게 아물기 마련이고, 아무리 엄청난 피해를 남겼어도 언젠가 눈은 그치고 녹을 것이 분명하니까.

크리스마스는 역시 가족과 함께

그렇게 시간은 흘렀고, 모든 것은 고비를 넘겼다. 엄마는 실밥을 풀고 죽 정도의 식사는 할 수 있게 되었고, 내 감기도 거의 나았고, 눈구름은 물러가고 맹추위도 좀 수그러들었다. 아직 겨울이 다 가려면 멀었지만 그래도 한숨 돌렸다 싶었을 때, 크리스마스가 다가왔다.

우리 모두 '크리스마스는 가족과 함께' 주의다 보니 휴일이라고 떠들썩하게 외출하거나 하는 습관은 없었다. 그래도 엄마는 병상에서 연말 연시를 맞는다는 건 역시 좀 우울한 일이라 생각하는 눈치였다. 그래서 나와 동생은 며칠 전부터 크리스마스 장식과 인형들을 사다가 엄마의 침대 곁을 꾸며놓았다. 크리스마스이브 전날엔 내 친구들과 동생 친구들이 교대로 문병 와서 케이크도 사 놓고 시끌벅적 놀아주고 간 덕분에 즐거웠다.

크리스마스이브 날부터는 드디어 간 색전술이 시작되었다. 엄마의 체중이 너무 줄어 간에 삽입한 주삿바늘이 자꾸 새는 바람에 시작 날짜가 미루어질 뻔했는데, 다행히 예정된 날짜에 시작하게 된 것이 감사했다. 그리고 크리스마스 날 아침 일찍 아빠가 병원에 오셨다. 그렇게 그해 크리스마스도 온 가족이 모두 한자리에 앉아서 보냈다. 그것으로 충분한 축제였다.

마지막까지 진심으로 눌러 쓴 크리스마스카드

간 색전술은 전신 항암과 번갈아 가며 1년 과정으로 예정되어 있었지만 6개월 만에 중단되었다. 약에 내성이 생겨 반응이 없어졌기 때문이었다. 두 차례 항암제를 바꿔보았으나 효과가 없었고, 10월쯤부터 모든 치료가 중지되었다. 말기 암의 예정된 수순이었다. 기적은 없었다. 불행 중 다행으로 항암치료가 별 효과가 없어서인지 부작용도 별로 없어서, 그동안 엄마는 체중과 체력이 많이 회복되고 통증도 줄어 겉보기엔 상태가 제법 호전되었다.

그러나 암이 폐로 전이되며 상황은 급박하게 전개되었다. 엄마는 가정용 산소호흡기를 달고 지내며 바깥 활동은 전혀 할 수 없게 되었다. 다른 기능은 거의 이상이 없고 의식도 멀쩡한 상태에서 나날이 숨만 꺼져가는 상황을 모두 속수무책으로 지켜볼 수밖에 없었다.

와중에도 12월이 되자 엄마는 매년 그래왔듯 주변 사람들에게 크리스마스카드를 손수 적어 보냈다. 거실에 앉아 산소호흡기를 달고 가쁜 숨을 몰아쉬며 정성스럽게 한 장 한 장 크리스마스카드를 쓰던 엄마의 모습이 여태 선연하다. 아마도 생애 마지막 인사가 되리란 예감으로 카드를 쓰던 그 마음이 어땠을지, 그제나 이제나 짐작도 가지 않고 눈앞만 흐려진다. 다만 나도 언젠가 생의 마지막을 앞둔 날들이 온다면 엄마처럼 보내야지 결심했던 마음은 변함이 없다. 일상의 소중함, 인연에 감사함. 달리 무엇이 더 있겠는가.

중환자실의 필담 노트

12월 19일, 엄마는 혼자서는 전혀 숨을 쉴 수 없게 되어 인공호흡기를 삽관했다. 그나마 운 좋게 다른 검사를 받기 위해 병원에 있을 때 숨이 넘어간 덕에 바로 처치할 수 있었지, 집에 있었다면 그대로 영영 헤어질 뻔했다.

하지만 인공호흡기를 단 채로는 누워 있는 것밖에 어떤 활동도 불가능하고 말조차 할 수 없으며, 무엇보다 중환자실에 있어야만 했다. 중환자실은 면회도 하루 두 번 20분, 한 사람씩밖에 허용되지 않았다. 의식이 온전한 엄마에게는 너무나 고통스러운 일이었다. 중환자실은 일상의 루틴이 아예 없고 24시간 정신없이 돌아가는 곳이다. 중환자실의 환자들은 대개 의식이 없거나 흐릿하고 오래 머무르지 않기 때문에 괜찮지만, 정신이 온전한 사람이 견디기엔 극한의 환경이다. 갑작스레 그 상황이 되었을 땐 다시는 엄마 목소리를 듣지 못한다는 생각에 정신없이 울었는데, 막상 중환자실에 갇혀 있는 엄마를 만나 보니 우리의 슬픔이 문제가 아니었다.

우리 가족은 필담 노트를 준비해 매일 두 차례 허용된 면회 시간만을 기다렸다. 엄마는 각종 의료기구와 약을 잔뜩 단 채 누워 간신히 그린 삐뚤빼뚤한 글자로 의사를 전달했다. 처음에는 빨리 중환자실에서 나가고 싶다 했지만 그럴 수 없다는 사실을 이해하자 이런 말들을 꾹꾹 눌러 적으셨다.

"나 생각보다 평안해."

"아무 걱정 마."

"의식 100퍼센트 있어."

"병원 옮기는 건 싫고 여기서 퇴원하게 해."

우리는 얼마나 남았을지 모를 이 소중한 시간을 울기만 하면서 보낼 수는 없다고 생각했다. 마침 크리스마스도 다가왔겠다, 이벤트를 계획했다. 재간둥이 동생이 산타 복장을 하고 춤을 추며 면회를 들어갔다. 엄마가 인공호흡기를 달고도 피식 웃는 표정을 보았다. 다른 환자들과 보호자들도 잠시나마 다 같이 웃었다. 촛불처럼 소중한 순간이었다.

그러나 사흘 만에 엄마에게 섬망 증상이 나타나기 시작했다. 온전한 의식으로는 중환자실의 환경을 견딜 수 없어 정신이 흐려지고 환각이 생기는 등 섬망을 겪게 되는 것이 보통이다. 일상이 가능한 공간으로 돌아오면 대부분 곧 나아진다지만 엄마는 회복될 가능성이 없고, 그렇다고 몸이 언제까지 버틸지 기약도 없고, 이대로 엄마를 영영 보낼 수는 없다는 생각에 다들 속이 새카맣게 타들어 갔다. 어차피 더 이상의 치료는 불가능하고 마지막 시간을 가족들과 보낼 곳이 필요할 뿐인데, 인공호흡기가 문제였다. 일반병실이나 호스피스에서는 인공호흡기를 관리하기 어렵기에 달리 갈 수 있는 곳이 없었다.

가능한 병원을 백방으로 수소문했다. 대전 건양대병원 호흡기내과의 한 교수님께서 일반병실에서 인공호흡기를 사용할 수 있도록 배려

하겠다는 답변을 주셨다. 우리 가족과 어떤 연고도 없는 분이었고 그저 우리의 사정을 딱하게 여겨 허락해 주신 것이다. 가장 고통스러울 때 만난 가장 아름다운 마음이자 소중한 인연이었다. 20년 가까이 지난 지금까지도 우리는 매해 크리스마스에 교수님께 작은 선물과 인사를 보내드리고 있다.

섬망이 심했던 이틀간의 필담 노트를 보면 글씨가 엉망이고 두서가 없어서 이제는 무슨 내용인지 거의 알아볼 수 없지만, 중환자실을 나가게 되었다는 소식을 듣고 엄마는 "어디로?"라고 물으며 좋아했다.

구급차에는 거대한 인공호흡기를 함께 태울 수 없었다. 구급대원이 엄마의 호흡기에 연결된 튜브를 손으로 직접 짜며 호흡을 유지했다. 혼자서 계속하기엔 힘든 작업이라 함께 탄 가족들도 번갈아 백을 짰다. 지금도 한 시라도 빨리 목적지에 도착하기 위해 요란하게 사이렌을 울리며 달려가는 구급차를 보면 그때의 간절했던 마음이 떠오른다.

크리스마스의 기적은 끝내 없었다

12월 23일, 마침내 엄마는 1인실에 입원할 수 있었다. 일반병실 간호사들은 인공호흡기를 다뤄본 적이 별로 없어서 복잡한 기계를 상시 관리하기 위해 보호자들과 머리를 맞대고 연습했다. 뜻밖의 상황에 난감해하면서도 인간을 위해 최선을 다해준 당시 담당 의료진분들께 감사한 마음도 영원히 잊을 수 없을 것이다.

정상적인 환경으로 돌아오자 엄마의 섬망 증세는 금방 사라졌고, 잠시 기대앉아 필담에 손짓발짓으로 대화를 나눌 만큼 컨디션도 회복되었다. 친지들도 마음 놓고 찾아와 인사를 나누었다. 힘들어도 우리끼리 오랫동안 잘 버틸 수 있도록 병실을 꾸미고 예쁘게 크리스마스 장식도 해놓았다. 이틀 뒤 크리스마스 날엔 병실에 들른 간호사 선생님까지 크리스마스 모자를 쓰고 함께 웃으며 사진을 찍었다. 올해 크리스마스도 이렇게 가족끼리 따뜻하게 함께 할 수 있음에 세상을 다 가진 것처럼 감사하면서.

무사히 병원을 옮기고 크리스마스까지 잘 지내고 간병도 익숙해지고 나자 슬그머니 걱정들이 밀려오기 시작했다. 크게 두 가지 걱정이었는데, 우선 엄마가 이렇게 누워 있는 형국이 대책 없이 길어지면 어쩌나 하는 것이었다. 말도 할 수 없고 식사, 배변도 인위적으로 처리해야 하며 곧 욕창이 올 수도 있는 상황인데 엄마의 의식과 감각은 온전하니 본인의 고통이 너무나 클 것이었다. 그렇다고 엄마가 너무 일찍 떠나거나 정신을 놓아버리는 것도 상상하기 싫은 일이었다. 우리 모두 엄마가 외할머니의 기일인 31일에 맞춰서 떠나려는 건 아닐까 하는 막연한 생각에 불안했다.

하지만 엄마는 그런 모든 걱정이 우스워질 정도로 우리의 예상보다 훨씬 일찍, 크리스마스를 지낸 지 겨우 이틀 뒤 아침에 세상을 떠나버렸다. 아쉽다 못해 허탈하도록 깔끔한 그 마지막 순간까지 참으로 엄마다웠다. 엄마는 젊고 건강할 때부터 자신이 늙어 정신이 흐려지고 가족들에게 짐이 될까 두렵다고 말하곤 했다. 인간은 누구나 언젠가는 남에게 의지할 수밖에 없으며 사랑을 나눈 가족들에게 그것은 폐가 되지 않는다는 당연한 이야기도 엄마에겐 위안이 되지 못했던 것 같다. 물론 사랑하는 사람이 곁에 오래 머물러주길 바라는 마음 또한 가족들의 이기심에 불과할 테지만 말이다.

이렇게 우리 가족에게 크리스마스와 연말연시는 이별이 먼저 떠오르는 절기가 되어 버렸다. 그래도 10여 년쯤 지나고부터는 차차 따뜻한 기분이 돌아오게 되었다. 세월의 흐름도 흐름이지만 조카들의 존재가 결정적이었던 것 같다. 이제 아홉 살인 조카들은 아직 문구점에서 사 온 크리스마스 장식들에 설레며 산타에게 받고 싶은 선물을 기도하면서 잠든다. 우리 자매가 어릴 적 그랬듯, 그런 조카들을 보고 있으면 아마 우리의 부모님들이 또 그의 부모님들이 그랬듯 우리도 설레며 행복해진다. 아이들은 크리스마스 선물과 파티를 기다리는 중에도 얼굴도 못 본 외할머니를 우리와 함께 그리워하기도 한다.

우리도 언젠가는 모두 헤어질 테고 그 길에 아픔과 눈물도 있겠지만, 반짝이는 크리스마스의 추억이 남아 있고 전해지는 한, 이 따뜻한 마음은 영원할 것임을 이제는 의심하지 않는다. 어둠 속에서 별이 빛나고, 겨울의 끝에 봄이 오듯, 우리 모두 다시 만나는 그날까지….

올해도 메리 크리스마스!

타인의 피

굵은 주삿바늘은 내 혈관을 뚫고
찐득찐득한 피를 들여보낸다.

방금 전까지만 해도
전혀 관계없던
그 누군가의 피 한 팩이
지금 나의 생명이 되어간다…

한순간의 치기
혹은 사명감
또 혹은 한 끼의 식량을 위하여
그가 자기의 팔을 걷었다 해도,

이 순간
온 우주에 한 점 티도 아닌
나와 그는 하나의 생명이 되어
우주의 한 구석에

뜨거운 꽃을 피운다.

2006. 2

2월 산

2월 산은
그리 만만치가 않다.

질척하게 녹은 흙 밑으로
엄연히
냉정한 얼음이 존재하고 있다.

섣부르게 내딛는
인간의 발길이
맥없이 미끄러진다.

아직은
완전히 나를
용서치 않는
그대의 눈물처럼…

2003. 2

산수유

이렇게

매섭게 바람 부니

겨우 얼굴 내민 노오란 산수유

움츠러들 법도 한데

잎도 아직 하나 없는 가지에

지난겨울 그 눈보라 아랑곳없이

의연하게 남아있는

빠알간 열매 두어 개…

삼월의 눈이

미친 듯이 쏟아지니

산수유는 하얀 눈꽃 새로 피우며

얼음 빛깔 빨간 열매 몇몇과

눈부신 노오란 꽃송이들이 사이좋게

가는 겨울을 위로한다.

이제야 가야 하는 거라고

토닥토닥

그렇게 …

2005. 3, 「문학세계」 12호 시 부문 신인상 수상작

꽃샘추위

매섭고도
섬세한 너의 입김은
불확실한 세상에
불어넣는
가장 확실한
기다림이니……

2003. 3

거머리

나물 한 접시 하고 남은
미나리 밑동을
항아리 뚜껑에 담아 물을 부어놨더니
눈 깜짝할 새에
아리도록 파아란 미나리꽝이 되었다.

그 연한 연둣빛 향을 맡다 보니
미나리꽝에 으레 살던
거머리 생각이 난다.

내 가슴에 못된 피 나쁜 피
다 빨아먹고 저절로
거머리 떨어져 나가면
묵정밭 같은 내 마음에도
미나리 파아란 싹이 돋아날까?

아직은 차가운 바람 속이라도

거머리 찾으러 미나리꽝으로 가봐야겠다.

내일은 봄비도 내리겠다.

2006.3

좋은 소식을 기다렸죠…

좋은 소식을 기다렸죠…

당연히…

벚꽃은 화사하고

담장 너머 개나리는 빛 부시고

라일락 향기는 그윽하게 스미는데

좋은 소식을 기다렸죠…

당연히…

힘 빼는 소식일랑은 전하지 마세요.

힘 빼는 소식이라도

저는 힘 빼지 않으려니까요.

아직은

벚꽃으로 화사하게 웃을 수 있는데,

아직은

개나리 샛노란 종소리에 노래할 수 있는데,

아직은

라일락 향에 취해 꿈꿀 수 있는데…

좋은 소식을 기다려야죠

기다리고 또 기다려야죠…

당연히 … …

2006. 4

엄마와 함께 한 537일

　엄마의 간병을 위해 집으로 내려온 날부터 간병 일기를 썼다. 언제 끝날지 모르는 소중한 날들을 기록해야 한다는 절박함이 있었고, 글 쓰는 감을 잃지 않기 위해서기도 했다. 치료 과정에서 있었던 일들과 심경, 사소한 일상사, 미래에 대한 불안과 희망 등을 시간 나는 대로, 생각나는 대로 기록했다.

　제목은 처음부터 〈엄마와 함께 한 ○○일〉로 정하고, 한 편을 쓸 때 마다 날짜와 투병 시작한 이후의 날 수, 그리고 주제와 관련된 소제목 을 붙였다. 다음은 첫 번째 글의 마지막 부분이다.

　끝까지, 솔직하게, 하나하나 써나갈 것이다. 사랑하는 사람의 아픔으로 인해 힘들어하는 사람들을 위해, 세상의 모든 행복하고 불행한 가정들 을 위해, 행복한 우리 가족을 위해, 그리고 무엇보다도 제일 사랑하는 우리 엄마를 위해.

　다만 한 가지 간절히 기도하고 싶은 것은, 이 글이 길어졌으면 좋겠다는 것. 처음에 이렇게 시작했던 것이 민망해질 만큼. 아주, 아주 길어졌으 면…

완성된 글은 나의 블로그에 업로드해서 지인들이 읽을 수 있게 해두었고, 엄마도 매번 함께 읽었다. 집에서 치료를 받을 때는 일주일에 한두 편씩 꾸준히 썼지만, 엄마가 몇 주씩 입원해 있을 때는 중단될 수밖에 없었고, 엄마의 상태가 급격히 악화되고 난 뒤로는 거의 쓰지 못했다. 간병 당시 쓴 시리즈는 20편, 마지막 450일째 편에서 끊겨 있다. 그리고 맨 끝에는 엄마가 돌아가신 뒤 1년이 지나 쓴 미완성의 에필로그가 붙어 있다. 다음은 그 마지막 부분이다.

아직도 엄마를 보내기 전의 급박했던 시간들, 여기에 마지막 시리즈를 올린 이후 두어 달간 있었던 일들을 정리해서 쓸 마음의 준비는 되지 않았다. 지금으로선 과연 그런 날이 오기는 할지 막막할 따름이다.
예상은 했지만 예상보다 너무 빨리 다가온 엄마와의 이별. 며칠이 될지 몰라 '엄마와 함께한 ○○일'이란 제목으로 시작했는데, 결국 네 자릿수도 채우지 못하고 537일로 끝나고 말았다. 겨우 일 년 반 동안의 그 시간, 그리고 그 후부터 지금까지 다시 또 일 년이 조금 넘는 시간은 내 삶에 있어 이전과 비교할 수 없는 밀도의 시간이었고, 그 전후로 나의 인생은 완전히 변해 버렸다. 아니, 아직 변하고 있는 중이다.
누구나 인생길에 있어 급격한 터닝 포인트가 되는 사건은 있는 법이다. 내가 그날들을 차분히 돌아보고 이 수기 시리즈를 마칠 수 있는 날, 비로소 이 끝이 보이지 않는 터닝 포인트를 완전히 돌아 나올 수 있는 것이라고 믿는다. 그리고 그날을 하늘에 있는 우리 엄마도 참을성 있게 기다려 줄 거라고 믿는다.

20년이 가까이 지나 이 책을 통해 비로소 나의 간병 일기 시리즈를 마무리할 수 있게 된 셈이다. 이런 형태가 될 것이라고는 상상도 못 했는데, 지난 세월 나를 인도해 준 인연과 섭리에 감사할 따름이다. 집필을 위해 오랜만에 다시 읽은 '엄마와 함께 한 537일' 시리즈는 소중한 1차 사료가 되어주었다. 워낙 결정적인 기억들이라 솔직히 별로 다시 볼 것도 없다고 생각했는데, 놀랄 정도로 생경하게 느껴지는 내용들이 많았다. 개인이건 공동체건 역사를 기록하고 돌아보는 일이 중요함을 새삼 깨닫는다.

너무 개인적이고 날것이라 대부분 여기에 그대로 쓰기엔 어려운 글들임에도 불구하고, 지금의 정제된 관점과 감성으로는 전달할 수 없는 생생한 울림이 있다고 판단하여 그중 두 편을 골라 원문을 최대한 살려 수록한다.

아울러 그때의 나와 같이 삶에서 중요한, 특히 힘든 순간을 지나고 있는 분들에게 어떤 형식으로든 자신의 심경에 대한 기록을 꼭 남겨두길 권한다. 그럴 때일수록 겨를이 없다고 느낄 수 있고, 글쓰기에 자신이 없어 주저할 수도 있다. 그러나 글을 매끄럽게 잘 쓸 필요는 전혀 없으며 그저 나를 솔직하고 자유롭게 표현하면 된다. 어차피 기술적인 면은 인공지능의 발전 속도를 따라갈 수 없지만, 한 인간의 고유한 경험과 감성은 그 무엇도 흉내 내거나 대체할 수 없다. 내 일상을 돌아보고 기록하는 일은 지금의 나를 버티게 해주는 힘이자 미래의 나에게 주는 가장 귀한 선물인 동시에, 더 멀리 '또 다른 나'들을 연결하는 실마리가 될 수 있다.

| 엄마와 함께한 40일—놀자! |

엄마는 바로 항암치료에 들어갔다. 수술이 가능하도록 암 크기를 줄이기 위해서였다. 주사제와 먹는 약을 병행하는 치료로 1차에 2주씩, 총 4차로 예정되어 있었다. 1차 치료를 받는 동안 엄마는 우리 자매의 서울 자취 집에 머물렀다. 대전 본가가 요양하기엔 훨씬 나은 환경이겠으나, 독한 항암치료를 받는 동안 혹시 모를 부작용에 대비하기 위해 치료 병원이 가까운 서울에서 지내기로 한 것이다.

항암 부작용은 걱정했던 것보다 심하지 않았지만 아무래도 환자가 지내기엔 너무 열악한 환경인 게 문제였다. 우리 자취 집은 영등포의 오래된 연립 주택가에 있는 방 두 개짜리 집이었는데, 워낙 낡고 밀집한 건물인 데다 에어컨도 없어서 찌는 무더위에 어쩔 수 없이 24시간 열어 놓은 창문 틈으로 온갖 소음과 냄새, 먼지, 굶주린 모기떼들이 그대로 침투했다. 항암으로 인한 구역질, 피로감, 식욕부진, 수면 장애 등의 증상이 극대화될 수밖에 없었다. 멀쩡한 젊은 우리도 입맛이 없고 잠을 설치는 나날들이었다.

다행히 1차 치료 뒤 진단 결과 2차 치료가 끝날 때까지는 대전에 있어도 좋다는 진단을 받고 엄마는 집으로 돌아갔다. 동생은 서울에서 학교에 다녀야 하기에 내가 전담 간병인으로 엄마를 따라가기로 결정했다.

그리하여 그간 하던 일과 모든 것을 다 정리하고 오늘 대전으로 내려왔다. 마지막 며칠은 매일 친구들 만나 밥 얻어먹느라 바빴다. 어쩌면 앞으로 꽤 오래 못 볼지도 모르는 소중한 친구들, 그동안 지겹게도 자주 봤던 만큼 더 그리울 것 같다. 오래 할 일이라고 생각하지는 않았지만 나름대로 정 붙이고 즐겁게 일하던 직장을 그만두는 것도 아쉬웠고, 무엇보다 외로움 많이 타는 동생을 혼자 놔두고 내려가는 것이 가장 마음에 걸린다. 공부만 해도 힘들 텐데, 익숙지도 않은 집안일까지 혼자 하면서 잘 지낼 수 있을지….

하지만 이런저런 아쉬움과 불안을 남겨 두고 떠나면서도 내려오는 발걸음은 설레었다. 놀러 가는 것도 아니고 언제 끝날지 모르는 간병을 위해 가는 것인데도 말이다. 그래도 역시, 엄마에게 가는 길은 즐겁다. 마치 기나긴 학기 끝에 방학을 맞아 집에 내려가는 기분이었다. 아닌 게 아니라 대학생 때 나는 서울에서 자취하면서도 방학 때 대부분의 시간을 대전 집에 가 엄마와 함께 보냈다. 지방에서 온 친구들은 많지만 나처럼 방학 때 악착같이 집에 가는 사람은 보지 못했다.

처음 부모님 슬하를 벗어난 자취생들에게 타지에서 보내는 방학이란 그야말로 달콤한 자유의 시간이자 고삐 풀린 청춘의 공간이다. 다음 학기 학비 버느라 바쁜 학생들에게조차 1, 2학년 때의 방학은 그런 것이다. 내 동생 역시 동아리 활동을 열심히 하는지라 방학 때면 오히려 더 바빠서 별로 집에 오지 않았다. 혼자 한두 달 집에 있다 올라가면 그사이 다른 친구들은 저희들끼리 재미있는 추억도 만들고, 과에선 농활이며 엠티며 여러 행사도 있었고, 연애 전선에 놀랄 만한 변화도 생기면서 늘 한동안은 약간의 소외감에 시달려야 했다. 그럼에도 불구하고 나는 가능하기만 하면 언제나 엄마와 함께 방학을 보내기를 선택했다. 왜냐하면 그야 물론, 그편이 더 재미있으니까!

이렇게 말하면 나랑 엄마랑 매일 아주 재미있는 데라도 놀러 다녔을 거라고 생각할지 모르지만, 사실 절대 그렇지 않다. 오히려 우리 모녀의 일상을 관찰한 사람이라면 인간들이 저렇게 재미없게도 살 수 있는지 의아해할지 모른다. (실제로 동생이 그랬다.) 방학 때 종일 우리가 하는 일이라곤, 같이 밥 먹고 장 보고 책 읽고 TV 보고 수다 떨고, 나는 소설 쓰고 엄마는 시 쓰고 서로 읽어주고, 그게 다였다. 가끔 전시회나 백화점에 가는 예외적인 스케줄을 제외하고는 몇 날 며칠이고 똑같은 일상의 반복이었다.

우리는 그런 심심한 듯 지루한 듯 그 여유로운 일상을 사랑했다. 가는 하루하루를 아까워할 정도였다. 사실 따로 지낼 때라도 우리가 여가를 보내는 방식은 별다를 게 없다. 하지만 같은 일도 마음에 맞는 누군가와 함께 할 때 즐거움이 배가되는 법. 엄마와 나는 성격적으로는 상반되는 면이 많지만 취미는 신기하리만큼 비슷하다. 우리에게 인생의 최대 즐거움이란 좋은 책, 하루 한 잔 커피, 그리고 마음 통하는 사람과의 대화였다.

매번 방학 때마다 개강이 가까워질 즈음 되면, 나와 엄마는 "우리가 이렇게 같이 놀 수 있는 것도 이번이 마지막이겠지?" 하고 아쉬워했다. 언제나 다음 방학쯤 되면 왠지는 몰라도 이렇게 한가하게 놀 수 없는 상황이 올 거라고 생각했던 것이다. 예를 들어 내가 남자 친구가 생긴다든지, 학업이나 취업 문제가 걸린다든지, 집안에 일이 생긴다든지…

그러나 우리는 이번이 마지막일 거야, 마지막일 거야, 하면서 내 대학 시절 마지막 방학까지 그렇게 같이 놀았다. 우리가 생각해도 징하다 싶었다. 심지어 엄마가 외할머니 간병을 하러 갔을 때도, 장례식에 갔을 때도 나는 미국까지 따라가서 엄마랑 같이 놀았다. 놀았다는 표현이 이상할지 모르겠지만, 어쨌든 우리는 매일 같이 놀았던 것이다. 외할머니 살아 계셨을 때는 간병하면서 세 모녀가 놀았고, 돌아가셨을 때는 장례식 마치고 엄마 위로하면서 놀았다. 물론 각자 할 일도 많았지만, 나돌아다니질 않아서 그런지 우린 이상하게도 늘 남는 시간이 많았고, 서로 눈만 마주치면 말했다. "놀자!"

그래도 작년에 내가 대학을 졸업하면서 우리는 정말로 그 한가한 세월이 끝이라고 생각했다. 이제 난 학생이 아니니 방학도 없고, 정규직도 아니니 휴가도 없고… 정말로 다시는, 까지는 아니라도 상당히 오랫동안은 그런 세월이 돌아오지 못할 줄 알았다. 그런데 운명은 나를 또 엄마 곁으로 인도하는 것이다. 참, 징하다 못해 이젠 경이롭다는 생각이 든다.

이렇게 다시 우리 모녀의 한가한 나날은 시작되었다. 달라진 점이 있다면 전처럼 멀리까지는 돌아다닐 수 없다는 것, 내가 살림을 많이 도와야 한다는 것, 엄마가 커피를 마시지 않게 되었다는 것 정도이다. 하지만 그렇게 대단한 변화는 아니다. 우리는 여전히 같이 놀며 일하며 의지하며 행복한 시간을 보내고 있다. 앞으로 엄마가 지금보다 많이 아프고 힘들게 되어도 변함없을 것이다.
일단 어제부로 2차 항암치료가 무사히 끝났다. 9월 1일에 병원에 가서 경과를 검사할 예정이다. 이후 일은 어찌 될지 전혀 알 수 없다. 하여간 그때까지는 한가할 것이다. 언제 끝날지 기약도 없는 이 시간이 일 분 일 초 너무나 소중하고 아름답다.

| 엄마와 함께한 146번째 날—지나가리라 |

성경에는 나오지 않는 이야기지만 성경 속 인물이 나오는 유명한 우화가 하나 있는데, 어제 우연히 다시 듣게 되었다. 내가 멋대로 붙인 제목은 '다윗 왕의 절대반지', 내용은 다음과 같다.

다윗 왕이 하루는 금속 장인을 불러 반지 하나를 주문했다. 그런데 난해한 요구 사항을 덧붙였다. 그 반지를 자신이 항상 끼고 다닐 작정이니, 성공했을 때는 교만하지 않게 하고, 실패했을 때는 좌절하지 않게 할 문구를 안쪽에 새겨 넣으라는 요청이었다.

명령을 받은 장인이 당황한 것은 당연지사. 장인이 반지만 잘 만들 줄 알지, 그런 철학적인 수수께끼의 답을 알 게 뭔가. 두 가지 상황 중의 하나만 만족시키는 말이 아니고, 성공했을 때는 교만하지 않게 하면서, 실패했을 때는 좌절하지 않게 할 말이 도대체 뭐가 있을까? 아무리 머리를 짜내도 뾰족한 수가 없어 고민하던 장인은 결국 당시 왕자였던, 지혜롭기로 유명한 솔로몬을 찾아가 도움을 요청했다.

솔로몬은 이 문장을 장인에게 알려주었다.

"이것도 지나가리라."

애초 8차까지 예정되었던 엄마의 항암치료는 경과가 좋아 6차로 마치고 수술이 결정되었다. 엄마는 수술 대비 몸만들기에 들어갔다. 항암치료로 저하된 체중과 체력을 조금이라도 회복하는 것이 과제이다. 치료가 끝나 입맛이 좀 돌아온 엄마와 나는 매일 뭐 맛있는 거 해 먹을지나 고민하면서 모처럼 비교적 편한 시간을 보냈다.

이제 입원 날짜가 며칠 앞으로 다가왔다. 수술이 잘 끝나도 바로 또 항암치료에 들어가야 하기 때문에 당분간은 엄마의 간병을 위해 나와 동생은 서울에 머무르고, 아빠는 대전에서 혼자 지내는 생활을 해야 할 것이다. 하지만 수술 전 검사와 수술 결과에 따라 이후 구체적으로 치료 일정이 어떻게 될지는 예상할 수 없다. 한 가지 분명한 것은 모든 과정이 계획대로 잘 진행된다 해도 지금까지보다 훨씬 힘들고 괴로운 시간을 견뎌야 한다는 것이다. 또 예상치 못한 난관과 이변이 우리를 기다리고 있을지도 모른다. 그런 생각들로 모두 별일 없이 잘 지내다가도 문득문득 엄습하는 불안과 걱정에 우울해지곤 했다.

다가오지 않은 일을 미리 상상하고 걱정한다는 것이 얼마나 부질없는 짓인지 지금까지 겪은 일만으로 충분히 절감하였음에도 역시 사람 마음이란 건 어쩔 수가 없나 보다. 곁에서 지켜볼 수밖에 없는 사람들도 그러한데 그 고통을 직접 감내해야 하는 당사자는 어떨까. 아무리 노력해도 아무리 사랑하는 마음이 있어도 타인의 고통은 결코 대신 짊어질 수도 완전히 이해할 수도 없다는 사실이 안타까울

뿐이다.

그런 우리에게 오직 한 가지 위안이 되는 것은, 어쨌거나 시간은 흐른다는 것이다. 아무리 순간이 영원처럼 느껴지는 악몽을 겪고 있더라도, 혹은 이 순간이 영원했으면 좋겠다고 생각하게 하는 희열과 행복에 싸여 있을지라도. 시간은 조금도 눈감아주지 않고 이전에도 이후에도 그 어떤 사람에게도 꼭 같은 속도로 유유히 흘러간다. 그래서 언젠가 정신을 차리고 뒤돌아보면 지난 일들은 모두 꿈 같이 느껴지고, 잊을 수 없을 것만 같던 고통도 어느새 흔적만 남긴 채 아련해지고 마는 것이다. 아니 오히려 당시엔 지긋지긋하고 견디기 힘들었던 일도 시간이 지나고 나면 다 아름답고 그리운 추억의 일부가 되고, 또 그 아픔이 나에게 남겨 준 교훈과 성숙이란 결과도 뒤늦은 선물처럼 받아볼 수 있는 것이다.
결코 오래 살아왔다 할 수 없는 나에게도 이런 경험은 많이 있다. 지난 다섯 달 동안 써온 이 수기만 돌이켜 읽어 봐도 그렇다. 처음 병을 선고받았을 때, 난생처음으로 내가 발 딛고 서 있는 이 세계가 무너질 듯 뒤흔들리던 그 충격, 주변 사람들의 따뜻한 위로와 염려에 힘입어 겨우 다시 일어설 용기를 얻었을 때 그 감사함과 조심스러움, 밤새워 암에 대한 책과 자료들을 닥치는 대로 찾아 읽으며 넘치는 정보에 혼란스러웠던 마음, 찌는 더위 속에서 모기로 들끓는 내 자취 집에서 처음 시작한 치료에 익숙하지 못해 겪었던 시행착오들, 매캐한 모기향 냄새 가득한 방에서 엄마와 동생과 매일 저녁 울며 기도하던 기억, 라면과 계란프라이 말곤 처음으로 해본 요리에 이런저런 실수를 해가면서도 뿌듯하던 기분, 하던 일 다 접고 짐 싸서 대전으로 내려올 때의 중압감, 웬만큼 생활이 안정되고 나서 중단했던 소설 연재를 다시 시작했을 때의 작은 기쁨, 암세포가 줄었다는 검사 결과에 기쁘고 감사하면서도 다시 시작할 때마다 익숙한 괴로움에 우릴 진저리 치게 했던 고된 항암치료, 피곤과 짜증 때문에 결국 피해 가지 못한 엄마와의 말다툼, 그래도 소소한 재미와 기쁨으로 웃음 터뜨리던 순간, 힘든 시간 물심양면으로 우리를 도와주신 고마운 친척 분들과 이웃들… 이 모든 순간들을 지금 돌아보면 어떻게 지나왔는지 꿈결 같기만 하고, 또 지나와서 다행이라는 생각뿐이다. 지금 다시 돌아가서 이 일들을 견디라면 절대 못 할 것 같다.

돌이켜보면 늘 깨닫는 일이지만, 정작 고난을 헤쳐 나가고 있는 순간의 고통은 생각보다 크지 않은 경우가 많다. 대개 그 순간은 그저 바쁘고 정신이 없어서 그렇게 괴로워할 틈도 없다. 우리를 정말 괴롭게 하는 것은 고난 그 자체보다도 아직 닥치지 않은 고난에 대한 불안과 걱정이다. (그리 감명 깊게 보지 않았던 영화 『올드보이』에서 무척 공감했었던 대사 한 구절이 생각난다. "인간을 두려워하게 하는 것은 상상력뿐이다"라고 했던가.)
그럼에도 불구하고 불안감에 때때로 평정심을 잃게 되는 건 사실이지만, 또 앞으로 닥쳐올 어떤 시간도 결국 이제까지처럼 그저 지나가고 언젠가는 뒤돌아보며 안도의 한숨을 돌릴 날이 올 것을 확신하기에 이 모든 두려움을 견딜 수 있다. 온갖 기적을 가능하게 하는 상상력이 한편 인간의 결정적인 약점이기도 한 것처럼, 인류로 하여금 어리석은 역사를 반복하게 하는 망각의 능력이야말로 한편으론 가장 강력한 무기가 될 수 있는 것이다.

그러니 다윗 왕의 절대반지에 새겨진 문구를 마음속에 새긴다면, 어떤 시련에도 좌절하여 포기하지 않고 어떤 성취에도 교만하여 망가지지 않고 아름답게 살아갈 수 있을 것이라 믿는다, 라는 말로 글을 맺기 전에 한 가지 고백할 것이 있다. 원래 이 "지나가리라"는 엄마가 최근 시로 쓰려고 구상하고 있는 주제였다. 엄마가 시상이 잘 전개가 안 된다며 나에게 고충을 토로했는데, 언제 나올지 모르는 시를 기다리지 못해 내가 살짝 도용했다.

엄마와 나는 둘 다 아마추어 작가이지만 성향은 완전히 달라서, 엄마가 철저한 운문가인 반면 나는 철저한 산문가이다. 산문은 운문에 비해 물리적 에너지와 끈기를 필요로 하지만 비교적 편한 점도 있다. 아무튼 일단 풀어만 쓰면 남들을 이해시킬 수 있으니까. 이 점을 이용해 내가 선수를 쳤다. 엄마가 앞으로 그 시상을 발전시킬지 포기할지 어쩔지는 모르지만, 만약 시를 완성시킨다면 내 글과는 전혀 다른 감동을 줄 수 있을 거라 믿는다. 다른 사람보다도 스스로를 감동시켰으면 하는 바람이다. "이것도 지나가리라"는 말이 줄 수 있는 위안과 용기가 지금 누구보다도 필요한 사람은 엄마니까.

덧) 결국 엄마도 며칠 후 시를 완성했다! 「위안」이라는 제목이다.

위안

나에게도
너에게도
주어진 오늘은
단 하루뿐이라는 거

달보드레한 세월도
팍팍한 세월도
어김없이, 쉼 없이
흘러간다는 거

보이든
보이지 않든
그분은 언제나 나와
더불어 동행해 주신다는 거

2005.12

안소영, 「깊은 잠 2」, 2025년, 린넨에 아크릴, 116×72.7cm

밤이 찾아들어
잎사귀에 졸음이 찾아들면
별빛이 머물고

하얀 달빛 속에
꿈꿀 수 있어
잠드는 길.

이화에 월백하고

하늘에 총총
별들

달빛은
처연한 배꽃 향에 취해
밤은 깊고

어디선가 간절히
부르는 소리…

무릎을 꿇고
가만히 들여다보니

한 자락 바람에
앙증맞은 손을
일제히 흔들어대는
수많은 냉이꽃들.

우리 여기 있어요…

우리 여기 있어요…

함성소리에

우르르

배 꽃잎이 날리고

달빛

또한 총총

휘날리고.

2005.5

신호등 불이 바뀌었어요

횡단보도 앞에 서서 멍하니 있는 내게
저만치서 한 사내아이가 손짓을 하며 달려온다.
아는 아인가 쳐다보니 낯은 설다.
누가 또 있나 주위를 둘러보아도 아무도 없다.
사내아이는 연신 뭐라고 나에게 소리를 친다.

신호등 불 바뀌었어요
얼른 건너가세요…
얼핏 건너편 신호등을 보니 가도 좋다고
녹색불이 들어와 있다.
나도 모르게 길을 건너려고 조금 뛰었다.
불은 벌써 깜박깜박 거리며
재촉한다.
얼떨결에 건너고 나서
문득 건너편을 바라보니
그 사내아이는 내가 걱정스러웠던지
바라보고 있다가

활짝 웃으며 손을 흔들었다.

그러더니 저가 갈 방향으로 다시 팔딱이며 달려간다.

아직 활짝 피진 않았지만 꽃망울이

수도 없이 달린 줄장미가 고운 오후였다…

2006. 4

여름 준비 끝

벼르고 벼르던
죽부인도 하나 마련하고

까실까실한
삼베 요와 이불도 한 채씩
장만했다네.

구멍 난 방충망도 손봐서
유리 창문 활짝 열어젖히고

거추장스럽던
머리카락도
박박 밀어 버렸다네…

올여름 준비 끝!!

2006. 7

배롱나무꽃

기품 있는 여인이
쓴
뜨거운 연서이다
그것은…

태양이
타오를수록

심장
마지막 피 한 방울까지

백 일 동안
쉬지 않고
토해내는
처절한
사랑의 시이다
그것은…

넘볼 수 없는

단아한 몸가짐으로…

                                                             2004. 8

9월 1일 맑음

가을을 시작하는
바람이

너무
좋아서

오늘은

세상만사
다
제쳐두고

하루 종일

내 몸과 맘을
거풍시켰다.

2006.9

밥 먹기

먹긴 먹어야 하는데
너무 먹기가 싫어서
왈칵 눈물이 났다.

애써 무심한 체
살피며 애태우는 딸아이가
안타까워서 목이 메어왔다.

지구 저편 어디에선간
먹고 싶어도 못 먹는 아이들이
굶어 죽어가는데…
밥 한술 먹는 것도 미워 걷어찬 시어미 땜에
밥 한술 먹다가 죽어
피어난 며느리밥풀꽃은 왜 그리 곱드노…

아아 먹어야 한다
씹어서 꾹꾹 넘겨야만 한다.

눈물을 국 삼아 훌훌 말아서

꼭꼭 삼켜야만 한다…

2006. 10

미안해하지 않기　　　　　　　　　　　　　'

　모든 치료를 중단하고 엄마는 한 달 정도 집에서 편히 지내다가 정밀검사를 받으러 병원에 입원했다. 검사 결과를 기다리는 동안 언제나처럼 내가 엄마의 침대 곁을 지키고 있었는데, 주치의 선생님이 찾아오셨기에 냉큼 다가갔더니, 선생님은 약간 당황한 표정으로 나를 병실 문 밖으로 나오게 하더니 물었다.
　"환자 보호자는 어디 계시죠?"
　"제가 보호자에요."
　그러자 선생님은 의아한 표정으로 나를 위아래로 훑어보시며 다시 물었다.
　"나이가 어떻게 되시죠?"
　"스물여섯인데요."
　"…아, 성인이시구나."
　아마도 실제 나이보다 어리게 보이는 외모 때문에 고등학생쯤으로 나를 생각하신 모양이다. 그러고도 선생님은 잠시 말을 잇지 못하고 계셨다. 그런 정황만으로도 이미 심상치 않은 결과임을 눈치채고도 남을 만했는데, 그 정도까진 미처 짐작하지 못했다. 그동안 엄마의 몸 상태가 나쁘지 않아 보였기 때문이었다. 더 이상의 치료 방법이 없어서

였긴 하지만 항암을 중단했더니 몸이 편해져서 그랬을 것이다. 때마침 가을이라 날씨도 좋아 참 오랜만에 엄마가 손수 싼 김밥 도시락을 들고 함께 동물원에 나들이를 다녀오기도 했다. 엄마가 움직일 때 전보다 숨이 찬 느낌이 든다고는 했지만, 체력이 떨어져서 그러려니 했다. 그게 아니라 암이 폐로 전이되었기 때문이며, 마침내 마지막을 준비해야 할 단계라는 사실을 듣게 되었다.

내가 병실로 돌아오자(나중에 엄마에게 듣기론 얼굴이 새하얘져서 들어왔다고 한다) 엄마가 무슨 일이냐고 물었다. 나는 아까 주치의처럼 순간 말문이 막혔으나, 별수 없이 들은 대로 전했다. 잠시 정적이 흐른 뒤 엄마가 입을 열었다.

"그래, 그렇구나… 너한테 미안하구나."

그제야 눈물이 터져 나왔고, 나는 눈물처럼 쏟아내듯 말했다. 실은 오래전부터 준비한 말들이었다.

"아니, 뭐가 미안해. 엄마가 뭐가 미안해."

"너희를 벌써 두고 가게 되니 미안하지. 그리고 너 혼자 이런 얘기 듣게 해서 미안하고."

"아냐, 그런 말 하지 마. 엄마가 지금 가더라도 나, 엄마랑 오래오래 같이 사는 것보다도 더 잘 살 수 있어."

"아, 그래? 그렇구나. 그래, 그럼 됐다."

그리고 우리는 한참이나 이마를 맞대고 울었다.

시간이 얼마나 흘렀을까. 둘 다 지쳐서 눈물이 잦아들었을 때, 엄마가 나에게 보리차를 마시고 싶다 했다. 일반 식수 말고 따뜻한 보리차가 나오는 탕비실은 병실에서 거리가 좀 있었다. 보리차를 가지러 다녀오는 동안 서로 떨어져서 마음을 좀 정리할 수 있었다.

그때는 안 그래도 죽음이라는 길을 눈앞에 두고 오죽이나 두렵고 외로울 엄마가 젊고 말짱하고 이미 엄마에게 넘치게 다 받은 나에게 미안함이라는 감정까지 갖는 것이 정말 싫었다. 하지만 나이를 거의 20년 더 먹고 조카들도 키워본 지금 돌아보니 엄마가 그때 나에게 미안하다는 말이 먼저 나왔던 심정이 완전히 이해된다. 다행히 그때 엄마도 내 마음을 이해했던 것 같다. 이후로 우리는 서로에게 미안하다는 말을 한 번도 하지 않았다. 미안하다는 마음이 드는 순간도 있었지만 그 말을 감당해야 하는 서로를 배려하여 입 밖에 내지 않았다. "사랑은 미안하다고 말하지 않는 거"라는 촌스러운 명대사의 의미를 이제야 분명히 알겠다고 생각하면서.

말하지 않아도 전해지는 것들

이후 엄마의 상태는 빠르게 악화되어 산소마스크를 끼고도 걸어 다니기가 벅찰 정도가 되었다. 병원 안에서 이동할 때도 산소마스크에 수액을 주렁주렁 단 채 남이 밀어주는 휠체어를 타고 다녀야 했다. 내가 엄마의 휠체어를 밀고 무슨 검사를 받으러 가는 길이었는지, 아니면 그냥 답답해서 산책하는 길이었는지는 정확히 기억나지 않지만, 갑자기 엄마가 말했다.

"내가 50대에 겪은 일을, 너는 20대에 겪는구나…"

나는 대답할 말을 찾지 못해 잠자코 있었다. 조금 있다가 엄마가 또 말했다.

"너는 내가 너를 예뻐했다고 생각하니?"

"응, 당연하지."

엄마는 더 이상 말하지 않았고, 나도 그 침묵이 "그래, 그럼 됐다."라는 의미임을 알 수 있었기에 다른 말을 붙이지 않았다.

나에게 사랑이란 그런 것이었다. 감정이나 느낌도 아니고, 당위나 의지도 아닌, 그저 사실이며 진실인 것. 명백하게 증명되어 세상 모든 복잡한 논증의 바탕이 되는 변치 않는 전제 같은 것. 우리가 20년을 함께 했든 50년을 함께 했든 그런 건 중요하지 않았다. 헤어지는 순간까지 엄마는 자신이 줄 수 있는 모든 것이자 내게 필요한 모든 것을 다 주었고, 내가 엄마에게 또한 마찬가지였다. 사랑에 정답이란 없지만 나와 엄마의 사랑은 결이 같아서 다행이었다. 우리는 서로 일상에서 그것을 증명했고, 가끔 언어로 확인했다. 바로 그날처럼.

우리는 세상 돌아가는 일에 관심이 많아서 시사에 관한 의견도 종종 나누고 했었는데, 투병을 시작하고 나서 엄마는 스트레스를 피하기 위해 뉴스는 잘 보지 않게 되었다. 가늘어지는 숨을 붙들고 침대에 누워 있는 엄마의 곁에 앉아 신문을 읽다가 나는 문득 말했다.

"엄마, 근데 난 이 세상이 별로 살 만하지 않은 것 같아. 앞으로는 더 나빠질 거고. 먼저 가 있는 것도 괜찮겠다는 생각이 들어."

엄마는 내 말에 귀는 기울였으나 무어라 답은 하지 않았다. 그런 말은 와닿지 않았을 수도 있고, 내 견해에 공감하지 않았을 수도 있고, 공감했다고 하더라도 딸들을 남겨두고 가는 입장에서 다행이란 생각은 들지 않았을 것도 같다. 하지만 그렇게 말하는 내가 진심이었음은 이해했을 것이라 믿는다.

그때 했던 말에 대해서는 난 지금까지도 확신을 더해가고 있다. 엄마가 떠난 2006년 겨울은 우리 사회에서 낡은 것과 이별하면 좋은 새 것이 오리라는 희망이 사라지기 시작한 시절이었다. 8년 뒤 세월호 참사가 터졌을 때 제일 먼저 든 생각은 엄마가 이걸 못 보고 가서 다행이라는 생각이었다.

엄마는 아주 섬세하고 풍부한 공감 능력과 상상력과 인류애를 지닌 사람이었고, 특히 청소년들을 사랑했다. 중등교사 출신으로 우리 자매가 학생일 때는 동네 친구들과 엄마들의 단골 상담 창구 노릇을 했고, 우리가 성인이 된 뒤로는 정식으로 청소년 상담 교육을 받고 자원봉사자로 활동하기도 했다. 엄마의 곱고 여린 심성으로는 그 비참한 사고와 그로 인해 드러난 이 사회의 끔찍한 민낯을 감당하기 어려웠을 것이다. 이후로 이어진 다른 사회적 참사 때도 마찬가지였다. 하늘로 간 사람들은 엄마가 꼭 안고 위로해 주고 있으리라 믿고, 나는 이 땅에 남은 사람들을 위로하고 돕겠다고 엄마에게 마음속으로 약속하곤 했다.

괜찮아, 괜찮아

 엄마와 헤어지는 길에서 가장 힘들었던 순간이 네 번 있었다. 첫 번째가 처음 병을 진단받았을 때, 두 번째가 암이 폐로 전이되었음을 알았을 때, 세 번째가 인공호흡기를 삽관하고 중환자실에 입원하게 되었을 때, 네 번째가 마지막 임종의 순간이었다.

 첫 번째, 두 번째 순간까지는 가족 중 누구보다도 차분하게 받아들였던 내가 엄마에게 인공호흡기를 삽관하자 그만 무너지고 말았다. 아픈 사람은 따로 있고 당장 감당해야 하는 일도 많은데 감정에 잠겨 있을 여유는 없다는 생각으로 지내다 보니, 정말로 엄마와 영원히 헤어져야 한다는 문제에 대해서는 제대로 직면해 보지 않았던 것 같다. 오히려 그때까지 많이 힘들어하고 불안해하던 동생은 그 상황이 되자 이제 와 슬픔에 잠기는 것은 의미가 없다며 의연한 모습을 보였다. 동생이 의지가 되어 다행이었는데, 그래서 그런지 나는 더 무너졌다. 함께하던 사람들이 의아하게 여길 정도로 정신을 못 차리고 슬퍼했다. 어찌 된 영문인지 스스로도 설명할 수 없었고 납득이 되지 않았다.

슬프지만 우리는 무너지지 않았다

중환자실 면회는 한 침상당 한 명씩만 들어갈 수 있었다. 더 이상 말도 무엇도 할 수 없이 되어 충혈된 눈으로 나를 바라만 보고 있는 엄마를 보니 나 역시 어떤 말도 나오지 않았다. 하루에 몇 분밖에 안 되는 면회 시간만 기다리고 있었을 엄마에게 무슨 말이라도 해야 한다고 생각했지만, 나는 계속해서 입만 뻥긋대며 울고만 있었다. 그때 엄마가 필담 노트에 힘겹게 무언가를 적어 건네주었다.

"니 마음 나밖에 몰라
내 마음 너밖에 몰라
알아 걱정 마"

그걸 읽자 마치 소용돌이치던 흙탕물이 멈추듯 마음이 가라앉으며 머리가 맑아졌다. 그래, 지금 우리 마음을 몇 마디 말로 표현할 수 없는 게 당연하잖아. 말하지 않아도 괜찮아, 이미 다 알고 있으니까. 그리고 알고 있다는 걸 알고 있으니까.

그래, 그럼 되었다.
그날 이후로 우리는 계속해서 슬퍼했지만, 무너지지는 않았다.

다행스럽게 엄마가 중환자실에서 1인실로 옮겨지고 여러 친지들이 자유롭게 면회를 올 수 있게 되면서 나는 잠시 엄마 곁에 있는 시간을 줄였다. 다들 겨울방학과 휴가가 끝나면 다시 내가 전담으로 간병을 도맡아야 할 테고, 그 기간이 얼마나 길어질지 모르니 그전까지 조금 휴식을 갖기로 한 것이다. 나는 하루에 몇 시간만 병실에 들렀는데, 다른 사람들 말에 따르면 평소엔 이것저것 요구사항이 많던 엄마가 이상하게 나만 오면 얌전해진다는 것이었다. 엄마도 이참에 나를 좀 쉬게 해주고 싶은 마음일 거라고 생각했다.

괜찮아, 괜찮아, 다 괜찮아

엄마가 떠나기 전날, 병실에 들러 정리를 하고 있는데 엄마가 나한테 가까이 오라고 손짓하더니 나를 꼭 안아주었다. 그땐 그냥 수고한다는 뜻인 줄로만 알았는데, 엄마는 아마 자신이 떠날 때가 되었음을 예감했던 게 아닐까 싶다. 나중에 들어보니 동생과 아빠한테도 그때쯤 엄마가 포옹으로 인사를 했다고 한다. 당시 엄마는 언제 떠나도 이상하지 않을 상황이긴 했지만 중환자실에 있을 때보다는 기력이 훨씬 나아져 보였고, 바이탈 수치도 제법 안정적이어서 그렇게 금방 떠날 줄은 모두 상상하지 못했다.

다음 날 아침은 오랜만에 내가 병실 당번이었고, 동생도 같이 있었다. 엄마가 그때 마침 떠난 것도 당시엔 너무 급작스러웠지만, 지금 생각하면 마치 계획된 것이었나 싶은 시점이었다. 갑자기 바이탈 수치가 요동치기 시작했고, 급히 연락을 받고 달려온 아빠도 함께 임종을 할 수 있었다. 엄마는 이미 의식을 잃었고 이런저런 공허한 처치들이 행해지는 동안 나는 줄곧 엄마의 손을 붙잡고 귓가에 계속해서 속삭였다.

"괜찮아, 엄마. 괜찮아, 괜찮아…"

그때는 몰랐는데, 사람이 가장 마지막까지 살아 있는 감각이 청각이기 때문에 의식이 없는 것처럼 보여도 포기하지 말고 계속해서 위로되는 말을 해주는 게 좋다는 이야기를 많이 들었다. 어쩌다 엄마의 마지막 가는 길에 "괜찮아"란 말을 하게 되었는지 설명은 안 되지만, 아무튼 괜찮았던 것 같긴 하다.

마지막 인사

장례식 때 정말 많은 분들이 오셔서 우리를 위로하고 함께 엄마를 기억해 주셨다. 투병할 때부터 물심양면으로 도와주셨던 많은 감사한 분들을 모시고 마음을 전할 수 있어 좋았다. 장례를 치러보니 엄마가 얼마나 아름다운 삶을 살았는지가 분명히 보였다.

엄마가 다니던 교회에서 장례 예배를 주관해 주셨다. 그런데 예배 중에 문득 순서지에 적힌 '유가족 인사'란 글자를 보고 갑자기 머리가 하얘지고 말았다.

'아, 목사님 이런 건 미리 좀 언질을 주시지 않고…!'

인사말을 할 사람이 장녀인 나밖에 없다는 생각이 들었다. 아빠는 교회를 다닌 적이 한 번도 없는 데다 상심이 너무 크셨는지 장례를 안 치르고 싶다는 말씀까지 하셨던 지라 부담을 드리고 싶지 않았다. 나도 원래 대표 인사 따위 성격에 안 맞고 교회 행사에선 더더욱 질색이지만, 별수 없는 상황이었다. 내내 흐르던 눈물도 쏙 들어가고 부랴부랴 머릿속으로 인사말을 정리하느라 바빠졌다.

그날 나의 인사말이 참 감동적이고 인상 깊었다는 소감을 여러 사람에게 들었다. 내가 원래 즉흥적으로 말을 잘하는 편이기는 하다. 그러나 그날 인사말은 몇 번을 다시 생각해도 내 입에서 그냥 나올 수 있는 얘기는 아니었다. 분명히 엄마가 하늘에서 영감을 주었다고 믿는다.

"오늘 이렇게 엄마의 마지막 가는 길에 함께 해주신 여러분들께 감사드립니다. 오늘뿐 아니라 지금까지 엄마가 걸어왔던 힘겨운 길에 계속해서 여러분들이 많은 기도 해주셨고 지켜 주셨고 힘이 되어 주셨음을 저희 가족 모두 잘 알고 있습니다.

덕분에 엄마의 마지막 발걸음이 예상보다 편안했고, 모든 가족이 지켜보는 가운데 평온하게 하나님 곁으로 가는 축복을 누릴 수 있었습니다. 물론 엄마가 조금 더 사셨다면 좋았겠지만, 저희는 이런 괴롭고 힘든 과정 속에서도 기적은 살아 있고, 믿는 자에게는 모든 것이 협력하여 선을 이룬다는 성경의 약속을 체험하였습니다.

모든 사람은 하나님이 주신 소명을 가지고 태어나는데, 저희 엄마는 무엇보다도 엄마가 되기 위해서 태어난 사람이라고 저는 생각합니다. 가족들 입장에서 엄마는 정말로 세상에서 제일 좋은 엄마였습니다. 그런 엄마가 이 시점에 저희 곁을 떠난 것도 하나님의 계획 속에 있음을 믿고, 앞으로 남겨진 저희가 정말 좋은 인생을 살고, 세상에 보탬이 되는 사람이 되는 것이 엄마의 남겨진 소명을 완수하는 길이라 생각하고 열심히 살겠습니다. 지금까지처럼 저희를 계속 지켜봐 주시기 바랍니다.

다시 한번 바쁜 시간 쪼개서 여기 참석해 주신 모든 분들께 진심으로 감사드립니다."

안소영, 「집, 안식처 7_기억의 통로」, 2024년, 린넨에 아크릴, 50×50cm

'이제 엄마가 안 계시면 그렇게 헌신적으로 나를 돌봐줄 사람은 세상에 없으니, 앞으론 스스로 내 몸을 돌볼 수 있어야 해.' 이렇게 결심하는 마음에 외로움이나 서운함은 없었다. 미안해하고 걱정하는 마음은 살아생전으로 족하다. 서로를 굳게 믿는 마음으로 헤어지는 것이 우리의 사랑임을 확인했으니까.

제 3 장

꿈에서도 그립고 그리운

엄마 없는 세상이 이제는 익숙해졌다고 생각한 뒤로도 문득 문득 그 빈자리가 숨 막히게 그리울 때가 있었다. 엄마와 나눈 이야기들, 따뜻한 눈빛과 손길이 어느새 아득한 기억 저편으로 밀려나는 것이 두려웠다. 다시는 돌아갈 수 없는 시간이라는 걸 알기에, 날이 갈수록 보고 싶은 마음이 더 깊이 사무치던 날들.

엄마네 684-9341

한밤중에
잠이 깨곤 한다.
요즈막엔…

태어나서 처음으로
당신 없이 보내는
이 겨울이 익숙지 않다.
아직은…

아무 때고
망설임 없이 누를 수 있던
당신의 전화번호를
또박또박 눌러본다.
오늘 밤도…

2003. 2

그러려던 건 아닌데…

눈부시게 동산을 이룬 매화를 보며
아, 하고 탄성을 지르려는데
갑자기 목이 콱 막혀오고
눈물이 후두둑 떨어진다.
미처 참을 새도 없이…

매어달린 눈물 속으로 녹아드는 매향이
너무 매운 탓인지
코끝도 찡하다.

이 매캐한 향은
당신이 떠나던 날
한 가닥 연기로 포르라니 떠나버리시던 날
우리의 코끝에 맴돌던 내음이다…

소담하게 피어난 매화를 보며
아, 하고 탄성을 지르려다

……………………

그러려던 건 아닌데…

2003. 3

백일 떡

이 세상에 온 지 꼭 백일이 되면

수수팥단자와 무지개떡

잔치 벌이듯

저세상에서도

어머니 오신 지 꼭 백일이라고

누가

떡이라도 해드리셨는지…

2003. 4

하얀 카네이션

올해

어버이날에

난생처음으로

하얀 카네이션을 달아야만 한다…

2003. 5

세월

도도한 그대의 손길은

죽을 거 같던 상실의 아픔마저

사위게 한다.

그대는 그러나 불쑥

나를 끝 간데없는 골짜기로 밀어 넣거나

짙은 안개 숲을 헤매이게 한다.

그곳엔

그대가

내 아픔의 흔적들로 키운

그리움이란 바람이 불고 있다.

나는 그 바람에 취해 눈을 감는다.

그것도 잠시

유유한 그대의 손길은

나의 등을 토닥이며

다시 나를 일상의 거리로 나서게 한다.

2003. 6

엄마에게 쓰는 편지

어릴 적부터 종일 붙어 앉아 끝도 없는 대화를 나누며 일상과 꿈의 거의 모든 것을 공유했던 나와 엄마의 첫 번째 이별 연습은 내가 서울로 대학을 가면서였다. 서울과 대전의 거리가 그리 먼 것도 아니고 거의 매 주말 본가에 돌아와 있었으면서도 우리는 실시간으로 할 얘기들이 너무 많았다. 그런데 또 전화 통화를 별로 좋아하지 않고 텍스트를 선호하는 것도 둘이 똑같았다. 당시 핸드폰은 막 상용화가 되었지만 요즘 같은 스마트폰 메시지는 없었기에 적어도 이삼일에 한 번씩은 이메일을 주고받았다. 내가 대학을 졸업한 뒤에도, 간병하다 잠시 다른 일로 떨어져 있을 때도 그 습관은 변함없었다.

그랬던 엄마와 영영 헤어지고 나니 갈 곳 잃은 이야기들이 쌓여가며 가슴이 점점 무거워지기만 했다. 좋은 친구들이며 여전히 사랑하는 가족들도 남아있고 대화를 나눌 상대는 충분히 있었지만, 나는 다른 누구도 아닌 엄마와 내 이야기들을 나누고 싶었다. 전처럼 엄마에게 편지를 써볼 생각을 왜 안 했냐마는 도저히 쓸 수가 없었다. 한 줄 써보려 하면 눈물이 쏟아져서 앞이 보이지 않았다. 결국 엄마에게 할 말은 언제나 눈을 감고 마음속으로 할 수밖에 없었다.

그러나 그렇게 아프면서도 시간이 흐른다고 거짓말처럼 희미해지는 기억을 보며 그래도 어떻게든 글자로 남겨놓기는 해야지 다짐했고, 마침내 엄마가 돌아가신 지 6년 차 엄마의 생일(2012년 10월 26일, 내가 만 서른한 살 되던 해)에 처음으로 편지를 쓸 수 있었다. 그 정도 시간이 흐르니 무뎌지기도 했고, 그해 나의 첫 책이 출간되며 조금이나마 마음의 여유도 생겼다. 또 큰 산을 넘어 그랬는지 한바탕 앓아누워 며칠 병원 신세를 지면서 엄마 생각이 깊어지기도 했고, 이런저런 계기로 그간 쌓였던 이야기들이 봇물 터지듯 나왔다. 지금 읽어보면 다소 거칠고 두서없는 글이라, 일부만 발췌하였다.

하늘나라 생활 6년 차 장은옥 여사에게

엄마 안녕? 그동안 하늘나라에서 잘 지내고 계셨겠지? 거긴 행복하고 편안할 테니까 시간이 어떻게 가는 줄도 모를지 모르지만, 여기 오늘은 엄마 없이 맞이한 엄마의 여섯 번째 생신날이야. 벌써 시간이 그렇게 흘렀네. 나 한국 나이로 벌써 서른둘… 내년이면 서른셋! 내가 서른셋이라니! 더 이상 나이를 먹지 않는 엄마가 부럽기도 하지만, 어차피 한 번 사는 건데 잘 늙어보는 것도 괜찮은 경험일 것 같아 사실 나이 먹는 것도 싫진 않아, 난.

어쨌든 엄마랑 헤어진 지도 벌써 6년인데, 편지는 오늘 처음 쓰네. 그동안은 엄마에 대해서 글 한 자만 쓰려면 눈물이 나서 도저히 쓸 수가 없었어. 엄마가 나와 함께한 만 25년 동안, 그리고 특히 마지막 1년 반 동안 있었던 일들⋯ 참 쓰고 싶은, 그리고 써야만 한다고 생각하는 이야기들이 많은데, 도저히 그럴 만큼 거리를 둘 수가 없어서 그동안 미루고만 있었어. 아직도 그 주제로 좋은 글을 쓸 자신은 없지만, 이젠 편지 정도는 쓸 수 있겠다 싶어서⋯ 그리고 올해 엄마 생일은 작년까지와는 뭔가 다른 느낌이어서.

내가 얼마 전에 역대급으로 아팠잖아. 그때 엄마 생각이 정말 많이 났어. 삼박사일 입원해 있으면서 여러 가지로 불편했지만, 역시 사람이 제일 견디기 힘든 게 구역질이란 걸 다시 한번 깨달았어. 엄마도 누구보다도 잘 알겠지. 항암치료 하면서 구역질로 많이 힘들어했으니까.

또 입원 생활이 얼마나 답답하고 힘든 건지. 특히 하루에도 몇 번씩 화장실 갈 때마다 끌고 다녀야 하는 수액 걸이⋯ 정말 족쇄 같지. 씻기도 힘들고 뭘 해도 걸리적거리고. 수액 주사 빼니까- 어찌나 날아갈 것 같던지. 출소하는 기분이 이런 건가, 했다니까. 그런데 엄마는 입원 한 번 할 때마다 그 답답한 걸 2주씩 달고 다녔으니, 어떻게 견뎠는지.

여하튼 겨우 3박 4일이지만 엄마 심정이 되어볼 수 있어서 좋았어. 내가 엄마 투병 기간 내내 가장 오랫동안 곁을 지키긴 했지만, 엄마가 마지막에 가장 많이 아프고 병원에 입원했을 때는 간병을 잘 못 해준 것 같아서, 그게 엄마랑 헤어지는 순간부터 지금까지도 마음에 많이 걸리거든.

그때 나도 많이 좌절하고 지쳐 있기도 했고, 또 힘든 투병 기간이 길어질 것 같아서, 이제쯤 힘을 아끼고 쉬어가야겠다고 생각했었지. 물론 현선이가 방학이어서 워낙 간병을 잘해주니까 그런 여유도 부릴 수 있었던 거긴 하지만, 엄마가 그렇게 금방 떠나갈 줄 알았더라면, 나도 마지막까지 온 힘을 쏟았을 텐데…

엄마 입장에서 생각해 보면, 엄마가 나한테 섭섭했을 것 같진 않긴 한데, 그래도 여전히 난 그게 마음에 걸려. 또 눈물이 나려고 하네.

살아볼수록 인생에 정답은 없는 것 같아. 그래서 참 사는 게 쉽지 않아. 특히 인간관계가 그렇고. 하루하루 배워간다는 마음으로 겸손하게 최선을 다해 살아가야겠지. 그 수밖에 없겠지. 엄마 아빠가 늘 그런 자세로 살아가는 모습을 본보이며 우릴 키워준 덕분에 아픈 일을 겪었지만, 여전히 난 매일매일 살아가는 게 행복하고 재밌어.

엄마도 알고 있다고 했지? 엄마가 가도 우린 괜찮을 거고 분명히 잘 살 거라고… 내가 먼저 울면서 장담했었지. 엄마가 일찍 가도, 난 엄마 오래 사는 것보다 더 잘 살 수 있다고… 그렇게 서로 믿음 가지고 헤어질 수 있어서 그래도 참 다행이었던 것 같아. 그 믿음 지키기 위해서라도 난 평생 행복하게 잘 살 거야. 비록 엄마를 일찍 데려가셨지만, 나에게 주신 복이 너무 많다고 생각해.

그래도 시간이 갈수록 엄마의 빈자리가 아쉬운 건 어쩔 수 없네. 제일 아쉬운 건 말이지, 내가 한 살 한 살 먹어가면서 엄마를 더 많이 이해하게 된다는 거. 우리는 평생 제일 좋은 친구였지만, 내가 한 살만 더 많았어도, 특히 엄마가 아프고 힘들던 시절에, 그럼 엄마한테 훨씬 더 많은 힘이 되고 의지가 되어줄 수 있었을 텐데.

엄마랑 헤어지던 스물여섯 살에 난 그래도 내가 다 컸고 어른이어서 다행이라 생각했지. 근데 지금 돌아보니 그때 난 너무 어렸더라고. 앞으로 돌아봐도 계속 그렇겠지만, 이제 난 엄마가 나를 처음 만났을 때보다 많은 나이가 되었잖아. 비록 결혼하고 아이를 낳아보진 않아서 좀 다르겠지만, 그래도… 엄마랑 딸은 나이를 먹어갈수록 서로 더 이해하는 부분이 많아지고, 더 좋은 친구가 될 수 있는데 말이야.

좋은 친구로 지내는 모녀간은 많지만, 우리처럼 유난한 단짝도 흔치 않았지. 25년 동안 매일 그렇게 같이 놀고 그렇게 수다를 떨었는데도, 아직 너무나 아쉬워. 엄마가 해줬던 얘기들이 나이 먹고 이제야 이해가 가는 것도 많은데, 아직 엄마한테 들을 얘기들이 너무 많이 남아 있는 것 같은데… 근데 엄마한테 들었던 얘기들마저 조금씩 까먹고 있는 것도 너무 슬퍼. 내가 또 디테일한 걸 잘 까먹는 성격이잖아. 이런 나 자신한테 화가 난다니까.

엄마한테 내 얘길 못하는 것도 물론 아쉽지. 난 엄마한테 진짜 안 하는 얘기가 없었잖아. 사실 엄마랑 헤어진 지 얼마 안 됐을 때는 무슨 일 있을 때마다, 엄마한테 얘기해야지… 아… 아니 이젠 못하는구나… 하는 깨달음에 새삼 눈물이 날 때가 많았어.

꽤 오랫동안 그랬는데 언제부턴가, 요즘은 안 그래. 꿈에 엄마를 애타게 찾거나 엄마 아픈 모습이 끔찍하게 나타나는 경우도 이게 거의 없어졌어. 엄마 없는 삶에 점점 익숙해지고 있는 거지. 아쉬워도, 아쉬운 대로… 우리 식구들 모두 다 그래. 처음엔 많이 아프고 힘들고 엄마의 빈자리를 나름대로 메우느라 충돌도 있고 했지만, 지금은 다 행복하게 사이좋게 잘 지내.

그리고 엄마의 빈자리가 희미해질수록 깊이 느껴. 이게 다 엄마의 사랑 덕분이라는 걸⋯ 진짜 사랑은 가고 난 다음에 꽃을 피운다는 걸⋯ 내가 없으면 못 사는 것보다, 내가 없어도 잘 살 수 있게 해 주는 게 진짜 사랑이란 걸. 나도 평생에 단 한 사람에게라도 진짜 사랑을 주고 가고 싶어. 하지만 엄마가 없어도 딱히 외롭거나 결혼을 하고 싶어지는 건 아니더라고. 오히려 엄마와의 이별을 통해서 진짜 사랑이 뭔지 더 잘 알게 되니까, 가짜 사랑엔 더더욱 안 속게 되니, 그 길하고는 더 멀어지는 것 같아.

분명한 건 난 지금 현재의 삶이 행복하고 만족스럽다는 거지. 그야 완벽하진 않지만, 세상에 완벽한 행복이 어디 있겠어. 엄마가 있는 하늘에서나 가능한 얘기겠지. 내 생명의 권한은 하늘에 있고, 난 한 치 앞도 내다볼 수 없는 존재니까, 바로 지금 나 자신에게 충실한 삶을 살아야 한다는 거 말야. 남들 시선 따윈 전혀 의미 없지.

다시 많이 아팠던 때 이야기로 돌아가서⋯ 며칠을 끙끙 앓으면서 육체적인 고통이란 건 참 무섭고도 신비한 거구나 하는 생각을 했어. 아프면 정말 철저하게 고독해지지. 아무리 나를 사랑하고 걱정해 주는 사람도 대신 아파줄 수는 없는 거니까. 그런데 그 아픔과 고독 속에서 낮아지고, 다른 사람의 아픔과 고독을 이해하게 되고, 내 인생에서 정말 소중한 게 뭔지, 헛된 게 뭔지, 멀쩡한 몸으로 정신없이 욕심에 휩쓸려 살아갈 때는 도저히 깨달을 수 없는 중요한 것들을 많이 깨닫고 생각하게 되더라고.

나하곤 비교도 할 수 없는 무서운 병과 고통과 두려움 속에서 홀로 싸웠을 엄마가 그런 중에도 그렇게 평온하고 깨알같이 즐겁고 사랑 넘치는 생활을 했다는 게 새삼 놀랍게 느껴지고, 엄마가 존경스럽고 그 축복에 감사하게 되고 그랬어.

나도 언젠가는 늙고 병들고 고통 속에 죽음을 기다려야 하는 시간이 올지도 모르지. 하지만 엄마가 먼저 간 길이고 견뎌낸 길이니까 그 생각하면서 이겨낼 수 있을 것 같아. 그러니까 앞으로 내 인생에 어떤 일이 기다리고 있더라도 두려움 없이 잘 헤쳐 나갈 거야.

하루가 지나면 엄마를 다시 만날 날이 하루 더 가까워지는 거니까 좋고, 얼마가 됐든 나에게 남아 있는 날 동안 엄마 걱정하지 않도록 즐겁게 바르게 행복하게 지낼게. 엄마도 잘 지내란 말은 할 필요 없겠지? 그럼 오늘은 이만… 참, 이 말을 빼놓을 뻔했네. 엄마 생일 축하해! 사랑해!

엄마에게 받은 답장

저 편지를 쓸 때는 다시는 절대로 답을 들을 수 없을 말을 건다는 먹먹한 심정이었는데, 10년이 지난 지금 다시 읽어보니 놀랍게도 엄마는 저 모든 이야기들에 이미 충분히 답을 주었다는 사실을 알게 되었다. 생전에 함께 나누었던 대화들, '언젠가는 엄마가 말하는 뜻을 이해하게 될 거야' 하는 눈빛으로 내게 들려주었던 이야기들, 추천해준 책과 영화들, 엄마가 몸소 보여준 삶의 모습들 안에 이미 모든 답이 숨어 있었고, 나는 그저 살아가며 보물찾기하듯 하나씩 그 답을 찾아오고 있었던 것이다. 모녀로서, 같은 여성으로서, 예술가로서, 인류의 일원으로서 엄마는 내가 나누고 싶어 할 마음들을 이미 모두 알고 있었다는 확신이 든다. 결국 엄마가 세상을 떠난 뒤로도 우리의 대화는 시간차는 있으되 끊긴 적은 없었던 셈이다.

다만 아직 한 가지 궁금한 것은, 내가 만약 엄마가 마지막으로 세상을 경험한 나이를 넘어서면 우리의 대화가 어떻게 달라질까 하는 점이다. 아무래도 삶의 경험과 관점에는 절대적인 연륜도 중요한 법이니까 분명히 변화가 있기는 할 거라고 생각한다. 물론 나에게 그 나이가 허락될지는 모르는 일이지만, 돌아가실 때 엄마의 나이까지 앞으로 9년이 더 남았다. 이렇게 엄마와의 새로운 만남을 기대하며, 난 오늘도 세상에서 남은 하루를 더 살아간다.

작별

당신이 그리울 때

찾아갈 곳조차 없습니다… 이젠…

당신의 손길이 남아있던 뒤뜰

당신의 손때가 지워지지 않은 부엌

그리고 당신도 아직은 잊지 않았을 당신의 침대…

당신과 늘 함께 떠오르던 그곳에

이젠 낯선 이들이 그들만의 추억을 만들며

살아가겠지요.

당신이 없어도 떠나보내지 못했던

당신과의 추억마저도

당신의 가방에 차곡차곡 담아 넣습니다.

이제 당신은 완벽하게 떠나신 겁니다.

나의 가슴속으로…

2003. 6

내가 알고 있던 것은

내가 알고 있던 것은
당신의 무엇이던가

당신의 슬픔,
당신의 눈물,
당신의 아픔…
그런 것들을
차마
알고나 있던 것인가

모두 다 있는데
당신의 자리만 텅 빈 지금
당신이 좋아하던
들국화 한 다발
그대에게 바친들…
당신 그리워
내 눈물 한가득

그대 위해 흘린들…

2005.6

큰물

큰물은 언제나
흐르지 않는 듯
어김없이 흐르고 있었다.

해 질 녘이면
들리지 않는 울음소리가
저 깊이로부터 울려오는 듯해
온몸이 부르르 떨려오곤 했다.

바닥 깊이로 주검들을 품고서
눈물도 없이 그저 시퍼렇게 흐르고 있는 큰물.

아침햇살에 다시 보면
그 큰물엔 다시 퐁당퐁당 아이들이 뛰어들고
물고기들도 떼로 몰려다니며
눈부신 햇살에 비늘을 반짝인다.

먼저 간 자식을
저 깊이 가슴으로 묻고
어린 막내에게
젖을 물린 어머니의 모습처럼

2006. 9

솔뱅의 추억

황량한 벌판을 지나
언덕을 오르면
문득 펼쳐지는
아기자기한 세상

풍차 바람에 밀려오는
달콤한 데니쉬 빵 내음

가쁜 숨을 몰아쉬는
그대의 야윈 어깨가 안쓰러워
망설이는 나의 등을 떠밀며
서둘러 가게 안으로 들어서는
그대 뒷모습

가게 안은
삼백육십오일 일 년 열두 달 언제나
성탄절 즈음…

함박눈의 축복 속에 반짝이는 장식품들과
알록달록 만화경 속 같은 갖가지 기념품들

내게 줄 선물을 고르는
그대의 얼굴은 잠시 빛나고
내 마음도 잠시 따뜻하다

이제 그대
인어공주처럼 그렇게
한 방울의 영롱한 물방울로 사라져 버리고
홀로 다시 찾은 솔뱅

아직도
긴 모자를 쓰고 있는 안데르센의 얼굴 앞에서
예전처럼
또 기념사진을 찍는다.

한 장의
흑백사진…

2004. 11

카핀테리아의 추억

엄마의 암이 처음 발병한 시기는 평균적인 진행 속도로 볼 때 외할머니가 돌아가신 직후로 추정된다. 내가 중학생 때 유방암 진단을 받으신 외할머니는 이후 완치 판정부터 재발까지 약 7년간 투병하다 돌아가셨다. 그때부터 엄마는 평생 마음속에만 간직해오던 시심을 폭발시켜 쏟아내듯 시를 쓰기 시작했다. 자신의 생명이 꺼져가는 고통 속에서도 시심은 오히려 깊어져만 갔다. 그리고 정확히 만 4년 뒤 외할머니의 뒤를 따라 세상을 떠났다.

그러니까 엄마는 외할머니와의 이별을 계기로 자신의 육체와 영혼을 한순간에 불살라 버린 것이었다. 그래도 이상하지 않을 만큼 엄마는 외할머니와의 이별을 정말 많이 슬퍼하고 아파했다. 왜 그렇게까지 슬퍼하고 아파했는지가 오히려 이상한 일이었다. 물론 어머니와의 사별은 모두에게 일생 가장 슬픈 일 중 하나일 것이다. 그러나 한편으론 모두가 겪는 삶의 순리이기도 하다.

외할머니는 73세에 돌아가셨는데, 요즘 기준으론 분명 아까운 나이였고 돌아가시기 전에 많은 고통을 겪으셨으며, 무엇보다 사랑이 넘치는 좋은 어머니였기에 남겨진 가족들 모두가 몹시도 슬퍼했다. 하지만 둘째 딸인 우리 엄마의 슬픔은 유난히도 깊었다. 이모들로부터 몇 번이나 들었다. "너희 엄마는 좀 이상할 정도로 슬퍼했다."라고… 당시 겨우 스물둘이던 내겐 와 닿지 않았지만, 나이 들어가며 돌아볼수록 유별나긴 했다는 생각이 든다.

엄마의 시심을 깨운 이별의 고통

그 유별난 슬픔은 어디서 기인한 것일까. 우리 외할머니는 다섯 자녀에 시부모님과 시동생, 시할머니까지 건사하느라 평생 많은 고생을 하셨다. 특히 큰아들을 어려서 잃은 뒤 딸만 연이어 넷을 낳은 탓에 시집살이를 꽤 하셨다고 한다. 외할머니의 시어머니, 즉 나의 외증조할머니는 장수하셔서 나도 어릴 적 뵌 기억이 있는데, 쪼글쪼글 꼬부라졌어도 눈빛이 마치 맹수처럼 매서운 분이셨다.

그런 외할머니의 어려움에 어릴 적부터 누구보다 예민하게 공감하고 몰입한 것이 둘째 딸인 우리 엄마였다고 한다. 왜 아니었겠나 싶다. 내가 기억하는 엄마는 가족에 대한 애착과 헌신이 유난히 깊은 사람인 동시에, 약자들의 고통과 구조적 부조리에 무척 민감한 사람이기도 했으니.

특히 딸들은 자신이 엄마가 되고 나면 엄마의 존재가 더욱 애틋해지고 간절해지기 마련인데, 엄마는 그때부터 외할머니와 이역만리에 떨어져 살게 된 것도 근심과 그리움을 더했을 것이다. 우리 외가 식구들은 엄마와 막내 이모네만 빼고 1980년대 모두 미국으로 이주했다. 미국 이민 붐의 마지막 세대였다. 지금도 그렇지만 20세기 미국이란 정말 너무도 먼 곳이었다. 게다가 엄마도 시부모님을 모시고 살았기 때문에 친정 식구의 빈자리가 더욱 크게 느껴졌을 것이다.

우리 친할머니, 할아버지는 한국전쟁 때 월남하여 맨손으로 삶의 기반을 다지신 분들이었다. 그런데 어느 날 사기를 당해 한순간 모든 것을 잃고 그때부터 우리 집에서 함께 살게 되셨다. 내가 열 살쯤 되던 해 한밤중에 갑자기 할머니 할아버지가 오시던 날의 어수선한 분위기가 아직도 생생히 기억난다. 부모님의 근심 가득한 얼굴도.

할머니 할아버지는 인품이 좋은 분들이셨고, 우리에게 많은 사랑을 주셨다. 특히 우리 할머니는 지금껏 내가 만나본 중 제일 멋진 사람이었다. 그러나 빠듯한 살림에 시부모님까지 모시고 산다는 것이 얼마나 많은 희생과 헌신이 필요한 일이었을지는, 내가 그때 엄마 나이가 되어서야 비로소 짐작이라도 해본다.

그 희생과 헌신 덕에 우리 자매는 아무런 구김살 없는, 모든 어린이가 누려 마땅하되 현실에선 흔치 않은 유년 시절을 보냈다. 물론 엄마 자신도 늘 말했듯 진정으로 행복했을 것이라 믿어 의심치 않는다. 세상에 행복하지 않은 부모 아래 행복한 아이는 있을 수 없는 법이니까 말이다.

미국으로 떠나며 시작된 간병기

그러나 '시인의 영혼'은 그렇지 못했을 것이다. 버지니아 울프가 말하지 않았던가. "여성이 글을 쓰기 위해서는, 돈과 자기만의 방이 필요하다."라고. 설상가상으로 할머니, 할아버지의 재산을 가로챈 사람이 우리 외할머니한테까지 큰돈을 뜯어 가는 사건이 발생해 엄마는 큰 충격을 받고 죄책감에 시달리게 되었다.

외할머니의 투병이 시작되자 엄마는 자신이 곁에서 돌봐드릴 수 없는 상황을 몹시 안타까워했다. 외할머니는 외할아버지, 외삼촌과 함께 살고 계셨지만 외삼촌은 직장을 다녀야 했고, 외할아버지는 그 세대 남자들이 대개 그렇듯 누굴 돌보는 일에는 익숙지 않으셨다. 이모 두 분이 미국에 계셨지만, 비행기로 몇 시간이나 떨어진 거리에 사는 데다 모두 직장 생활을 하셨기에 자주 찾아뵐 수 없었다.

다행히 치료가 좀 진행된 뒤 엄마가 한두 달간 외할머니 댁에 머무를 수 있게 되었다. 우리 자매도 어느 정도 자랐고, 친할머니께서 집안 살림을 돌봐주셨기에 가능한 일이었다. 고등학교 2학년 여름방학, 엄마가 미국으로 떠나고 며칠 후가 내 생일이었는데, 엄마가 떠나기 전 몰래 우편으로 부쳐 둔 예쁜 생일 카드를 우편함에서 발견하고 깜짝 놀라고 행복했던 기억이 또렷하다.

엄마의 손 글씨로 "넌 언제나 우리에게 커다란 기쁨이란다!"라고 적혀 있는 그 카드는 지금도 나의 가장 아끼는 보물 중 하나이다.

딸과 엄마가 함께 떠난 카핀테리아

온 가족의 돌봄과 기도 속에 수술과 항암치료를 잘 마치고 완쾌되시는 듯했던 외할머니에게 불행히도 몇 년 뒤 재발이 찾아왔다. 상황은 더욱 어려워졌다. 결국 엄마가 다시 한번 간병하러 미국행을 결정했다. 그리고 나도 대학생의 긴 방학을 이용해 그 여정에 함께 하기로 했다. 그렇게 나는 대학교 2학년 여름방학 두 달을 카핀테리아^{Carpinteria} 외할머니 댁에서 지내게 되었다. 미국에 간다고 부러워하는 친구들도 있었지만, 사실 대학생이 부러워할 만한 일정은 전혀 못 되었다.

카핀테리아는 미 서부 캘리포니아 해안에 위치한 소도시로, 부유한 은퇴자들의 거주지나 연예인들의 별장이 많은 곳으로 유명한 샌터바버라 바로 옆에 붙어 있다. 그만큼 기후가 좋고 환경이 아름답고 안전한 지역이다. 물론 외할머니 댁이 그렇게 부유했던 것은 아니고, 시내에서 좀 떨어진 작은 마을의 평범한 주택가였다. 그야말로 조용히 생활하는 것 말고는 아무 할 것이 없는 동네였다. 운전을 못 하는 나와 엄마가 걸어서 갈 수 있는 곳이라곤 몇몇 작은 가게들과 해변까지 난 산책로 말고는 없었다. 미국은 원래 차가 없으면 다니기 어렵긴 하지만, 카핀테리아는 차로도 근방에 다닐 데가 별로 없는 정말 한적한 곳이다.

외삼촌이 주말이면 우리를 데리고 근교에 나들이나 쇼핑을 다녀오곤 했다. 그러나 주중에는 엄마가 살림과 외할머니를 돌보는 동안 나는 종일 집에 처박혀 아무것도 할 일이 없었다. 그때만 해도 인터넷은 있었지만 스마트폰도, OTT도 없던 시절이었다.

물론 그런 일정을 예상치 못한 바는 아니라 나름의 계획은 있었다. 그 기나긴 시간의 여백을 난 당시 온라인에 연재하던 습작 소설을 쓰는 일과 책 읽기로 채웠다. 특히 이럴 때가 아니면 읽기 어려울 것 같은 책에 도전하기로 하고, 고전 소설 『백 년 동안의 고독』, 그리고 당시 한창 유행하던 『체 게바라 평전』 두 권을 챙겼다.

독서력엔 어지간히 자신이 있는 나였고 환경도 완벽했건만 웬걸, 둘 다 각오한 이상으로 읽기 어려운 책이었다. 특히 『체 게바라 평전』은 비교적 잘 읽힐 것으로 예상했는데, 완전히 뒤통수를 맞은 기분이었다. 게다가 두 책 모두 배경이 라틴아메리카 근현대사로 겹쳤다. 챙길 때는 미처 깨닫지 못했던 게 생각할수록 어이가 없는 일이었다. 세상에 라틴아메리카 근현대사만큼 처절한 사연도 찾기 드물다. 게다가 사람 이름이 고약하리만치 헷갈려서 거기 적응하는 것부터가 쉽지 않다.

그렇게 버거운 두 이야기 속에서 내내 헤매다 보니 그만, 멀미가 난 게 아니었나 싶다. 어쩌면, 매일이 보석 같은 캘리포니아의 햇살 아래 지루하도록 평온하면서도 한편으론 서서히 죽음과 이별의 그림자가 드리워지는 모순적 일상에 마음이 얹혀버린 것일 수도 있고.

또는 스물한 살의 여름, 친구들은 모두 연애며 여행이며 계절학기며 어학연수며 청춘을 누리고 미래를 준비하느라 바쁜 와중에 작가를 꿈꾼답시고 방구석에만 처박혀 있는 나 자신과 세상에 대한 불안이었을지도. 그런 생활만 계속하다 보니 운동 부족이 쌓인 탓도 있을 테고….

결국 탈이 나고 말았다. 이유 모를 몸살로 몇 날 며칠 침대에서 나오지도 못할 정도로 호되게 앓았다. 몸이 아픈 것보다도 정말로 아프고 힘드신 어른들 가운데서 내가 꼼짝없이 누워있는 상황이 민망하여 더욱 괴로웠던 기억이 또렷하다. 그렇게 카펀테리아에서의 그림자는 서투른 내 마음을 피해 몸뚱이를 후려치고 지나갔다.

그러나 카펀테리아에서의 빛이야말로 잊을 수 없다. 어떤 사람들은 내가 그해 여름을 외할머니 댁에서 보내기로 한 것을 대단히 기특한 결정으로 보기도 했다. 하지만 사실 내 입장에선 전혀 그런 의미가 아니었고 단 1초도 고민하지 않은 결정이었다. 엄마를 돕고 싶다는 마음도 있었지만, 그보다 난 당시 무엇을 포기하더라도 엄마와 시간을 보내는 일이 조금도 아깝지 않았다. 엄마는 나의 가장 좋은 친구였으니까.

외할머니에 대한 마음도 이유였다. 함께 한 기억은 많지 않지만 난 외할머니를 참 좋아했다. 깨끗한 인품과 열린 사고방식과 유머러스함을 갖춘 분이었다. 낮에 외할머니의 컨디션이 괜찮을 때면 엄마와 나 셋이 둘러앉아 이런저런 이야기를 나누곤 했는데, 세대차와 가족애를 넘어 친구들처럼 말이 잘 통했고, 시간 가는 줄 모르고 즐거웠다. 아마 우리 세 모녀는 그 어떤 관계로 태어났다 해도 사이가 좋았을 것이다. 이런 분들을 엄마로, 엄마의 엄마로 만날 수 있어서 나는 참 행운

아라고 생각했다. 다른 이들과 형평성을 감안해 하늘이 좀 일찍 빼앗아 가셨다 해도 할 말이 없을 정도로….

빛나는 햇살속에 엄마와 나

평일 오후 집안일이 대충 마무리되고 나면 나와 엄마는 해변까지 왕복 한 시간 정도 거리에 산책을 다녀오곤 했다. 습기가 없어 투명하게 파란 하늘과 바다, 부드러운 흰모래와 우뚝한 야자수들이 어우러져 언제나 그림엽서처럼 아름다운 카핀테리아의 해변, 유명한 휴양지이긴 하나 대도시 LA에서는 꽤 떨어진 거리에 있어 해수욕을 즐기는 인파도 그리 붐비지는 않고 늘 한갓진 분위기라 더욱 좋았다. 가는 길에 이런저런 기념품을 파는 작고 예쁜 가게들을 구경하는 재미도 쏠쏠했고.

물론 두 달이 넘는 매일 반복되는 일상을 채워주기엔 너무나 작고 단조로운 코스였지만, 우리에겐 그것으로 충분했다. 나란히 그 길을 오가며 엄마와 나누었던 이야기들이 정확히 무슨 내용이었는지는 기억나지 않는다. 다만 그때 우리의 뺨을 스치던 부드럽고 따뜻한 바람처럼 적당한 간격을 두고 끊이지 않았다는 것만은 분명하다.

나는 그해 카핀테리아에서 그 산책길을 가장 빛나던 시간으로 기억하는데, 엄마의 생각은 어떤지 궁금하다. 이제 와 물어볼 수 없는 것이 아쉽다. 그렇지만 아마도 엄마가 손꼽을 것으로 짐작되는 코스가 하나 있다. 카핀테리아에서 차로 1시간 정도 거리에 덴마크인들이 모여 살면서 만들어진 작은 도시 '솔뱅^{Solvang}'이 있다. 근처에 부담 없이 다녀올 만한 관광지라곤 그곳뿐이라 외할머니까지 모시고 두어 번 나들이를 다녀왔다.

외국인 마을이란 대개 테마파크 식으로 예쁘게 조성하기 마련인데, 특히나 덴마크는 안데르센의 나라라고 마치 동화 속 세상처럼 아기자기하고 따뜻한 분위기로 잘 꾸며놓은 마을이다. 딱 우리 엄마 취향이었다. 사실 나는 별 감흥이 없었는데, 엄마가 어지간히 솔뱅 이야기를 많이 했다. 그해 솔뱅에 대한 내 기억이라곤 거기서 마셨던 커피가 어찌나 진했던지 그날 밤을 꼴딱 새운 일뿐이다.

다시 찾은 카핀테리아의 낯선 풍경

우리가 카핀테리아에 다시 돌아온 것은 그로부터 두 해 뒤 세밑이었다. 외할머니가 위독하시다는 연락을 받고는 당장 급하게 항공권을 구해 최대한 서둘러 날아갔건만, 그만 몇 시간 차이로 임종을 놓치고 말았다.

외할머니의 장례와 함께 카핀테리아에서 다시 2주를 보냈다. 그래도 내가 또 겨울방학 중이라 엄마와 함께 할 수 있었던 것은 다행이었다. 캘리포니아의 겨울은 우리나라 같은 강추위는 없지만 쌀쌀하고 우중충한 날이 많다. 눈부시던 여름과는 너무나도 다른 풍경이었다.

가족들은 화장한 외할머니의 유골을 집에서 자주 오가던 바다가 보이는 산책길에 뿌렸다. 엄마는 카핀테리아 해변의 기념품 가게에서 산 조개껍질로 만든 작은 함에 외할머니의 일부를 담아 간직했다. 4년 뒤 엄마가 돌아가시고 나서 나는 그 함을 열어 엄마의 유골을 뿌린 곳 위에 뿌렸다.

이후로도 난 카핀테리아에 몇 번을 더 갔다. 엄마가 돌아가신 다음 해 아빠와 동생과 함께, 몇 년 뒤에는 막내 이도와 둘이, 또 몇 년 지나서는 조카들을 데리고 외가 친척들 방문 겸 ㅇ행으로 다녀왔다. 외할머니가 돌아가시고 바로 다음 해 남은 가족들은 LA 시내로 이사했지만, 우리가 만나면 언제나 그 해변을 다시 걷곤 했다. 그사이 기후변화로 늘 아름답던 캘리포니아의 날씨와 풍광도 많이 망가졌으나 그곳만은 여전히 엄마와 나란히 걷던 시간에 멈춰 있는 듯하다.

그러면서 문득 깨달은 사실은 어느새 나 또한 엄마처럼 마음의 한 조각이 그날 카핀테리아의 어딘가에서 영원히 돌아오지 못하게 되었다는 것, 그래서 언제까지나 무언가를 그리워하며 살 수밖에 없는 사람이 되었다는 것이다. 아마도 적어도, 태곳적 하나였다는 우리의 땅들이 다시 태평양을 넘어 하나가 되는 날까지는….

늘 하시는 말씀

시어른들 잘 모시고
김 서방 편하게 해주고
애들 잘 돌보고
아프지 말고
감기도 걸리지 말고
여기 걱정은 말고
니 살림 잘해…

늘 하시는 말씀이라
난 늘 건성으로 대답을 하곤 했다.

우리 걱정 마시고
엄마나 건강하세요!

그날 어머니는 또 늘 하시는 말씀이고
또 나는 같은 대답을 건성으로 하면서
숨이 차서 몇 번씩 말씀이 끊기시는 것만

신경이 쓰였다.

엄마 제가 갈 때까지
건강하세요!

내가 미처 뵙기도 전에
한마디 유언도 없이
눈감아 버리신 어머니가
무심하시다 싶어
가슴으로 휭 바람이 불어갔다.

오늘 새벽
잠이 깨어 뒤척이는 내 귓가에
어머니가 늘 하시는 말씀이 들려왔다.

그 말씀 한마디 한마디가
내게 하시고 싶은 말씀 전부였고
그것이 바로
내게 남겨주신 귀한 말씀이라는 것을
아…
불현듯

이제야……

2003. 2

검은 장갑 낀 손

갑작스레 차거워진 날씨에
서랍 깊이 넣어두었던
당신의 장갑을 꺼낸다.

모처럼 당신께 선물한,
그러나 지금은
말없이 내게로 다시 돌아온
군데군데 닳은
검은 가죽 장갑…

수없이 당신이 끼셨을
그 장갑 속으로 가만히
내 손을 넣는다.
그리곤 살며시
주먹을 쥐었다 편다.
마치 당신과 악수하듯…

2003.12

로맨스 빠빠

이번 고비는 넘기시기가 좀 어려울 거 같습니다.
고개를 갸우뚱하며 의사가 아버지께 그렇게 말을 하던 날

아버진
얼마 전부터 안경을 껴도 잘 보이지가 않는다고 하시던 어머니를 모시고
안경점엘 가셨다.

얼마나 더 낀다고 새로 맞춰요…
그래도 막상 안경이 완성되어 오자
어머니는
이리저리 끼어보시고 거울도 보시고
성경책도 읽으시며 좋아하셨다.

이렇게 깨끗하고 맑게 뵐 수가 없네요…

얼마 후에 그 안경은 어머니의 유품이 되어 우리들에게 남겨졌지만

아버지가 마지막으로 선사하셨던 맑고 깨끗한 세상은
어머니께서 고이 간직하고 가셨으리라.

2006. 11

샌프란시스코행 열차

샌프란시스코 가는 기차야…
거기라도 한 번 가보고 니가 돌아가야 할 텐데…

한밤중에 아련히 기차 소리가 나면
어머니는 늘 그렇게 혼잣말처럼 내게 말씀하시곤 했다.

지난밤 꿈에
아련히 기차 소리가 나고
어머니는 또 샌프란시스코 구경이라도 하고 오라신다.

—엄마 건강해지시면 같이 가죠 뭐…

꿈속인데도 알고 있었다.
지금 여기는 한국이고
어머니는 이미 샌프란시스코보다 더 멀리
기차가 갈 수 없는 더 먼 곳으로 떠나셨다는 걸…

미안하시다는 듯 안아주시는데

웬일인지 어머니의 모습은 보이지 않고

너무 마르신 게 느껴만져서

마음이 아려오다가 그만

얼핏 잠이 깨려는데

나는 눈을 절대 뜨지 않으리라 마음먹었다.

아직도 어머니의 마른 팔의 감촉은 남아있는데

아무리 두 눈을 꼭 감고 있어도 잠은 깨어 날아가 버리고

그리고 나는 가슴이 휑하니 허전해져서

창문으로 새어 들어오는 햇살을 원망하며

이불을 끌어안은 채

한참을 그렇게 웅크리고 누워있었다.

지금

다시

샌프란시스코행 열차가 지나가길 간절히 바라며…

2004. 6

꿈에서라도 만나, 엄마

　심리학을 공부하다 보니 꿈 해석에 관심을 갖게 되었다. 무작위적인 뇌파의 결과로 아무 의미가 없는 꿈도 있지만, 잠재적인 심리나 신체의 상태를 상징적으로 반영하는 꿈들은 분석의 가치가 있다. 융과 같은 학자는 사람이 꿈을 통해 집단무의식과 연결되어 이른바 '육감'을 발휘할 수 있다고도 믿었다. 물론 과학적으로 증명되지는 않았으나 과학으로는 설명할 수 없는 사례들이 많은 것도 사실이다.

　엄마가 돌아가시고 나서 몇 년간은 관련 글을 전혀 읽거나 쓰지도 못했으니 상처를 건드릴 수도 없이 아팠다는 의미겠지만, 그 와중에도 무의식은 천천히 그러나 꾸준히 상처를 만지고 치유해 갔으며, 꿈이 그 과정을 내게 알려주었다. 나의 의식이 할 수 있었던 일은 그 경험을 충실히 기록하는 것뿐이었다. 내게 엄마 꿈이 들려준 이야기들의 기록을 시간순으로 싣는다.

첫 번째 이야기—6개월 후
: 과거형 아닌 현재형으로

눈만 감으면 엄마 얼굴이 보이던 때는 지났지만, 최근까지도 항상 일주일에 두 번 정도는 꿈에 엄마를 본다. 한 번도 기분 좋은 꿈인 경우가 없다. 언제나 꿈에서 엄마는 아프고, 돌아가시기 직전이거나, 이미 돌아가셨고, 나는 울고, 엄마를 붙잡으려 애쓰고, 만지면서도 엄마가 이미 내 곁에 없다는 걸 뼈저리게 알고 있다.

문득 그게 참 맘이 아프단 생각이 든다. 생각해 보면 엄마와 함께했던 25년이 넘는 시간들은 거의 즐겁고 행복했건 추억으로 채워져 있고, 정말 아팠던 기억은 그중 아주 일부, 길게 잡아야 겨우 몇 달에 지나지 않는데도, 엄마에 대한 모든 추억을 그 기간이 지배하고 있는 것 같아서… 좋았던 일이 그렇게 많은데 왜 항상 떠올리면 헤어질 때 아팠던 기억만 떠오르고, 약간의 후회되는 일들이 계속해서 맘에 걸리고, 때문에 항상 눈물이 나고… 그게 너무나 억울한 것이다.

행복했던 기억일수록 헤어진 후엔 더 아픈 추억이 될 수밖에 없는 걸까? 시간이 흐르고 내가 더 성숙하게 되면, 엄마를 생각하며 조금은 웃을 수 있게 될까? 언제까지 꿈에 엄마를 보고난 뒤엔 꼭 눈물을 짜야만 하는 걸까? 꿈에서 과거형이 아닌 현재형인 엄마를 만날 수는 없을까?

하루가 멀다 하고 꿈에서 아픈 엄마 보고 울기는 동생도 마찬가지라지만, 그래도 걘 가끔은 꿈에서 '지금의' 엄마가 주는 위로의 메시지를 듣거나 하기도 하는 모양이다. 돌아가신 지 한 달쯤 되었을 때 엄마가 꿈에 나와 "앞으로 살기 힘들겠지만, 열심히 잘 살아라."라고 말해준 적도 있단다. 나도 한 번쯤은 제발 그런 꿈을 꾸고 싶다! 하지만 경험상 그런 재주는 따로 있는 것 같기도 하다. 동생은 어릴 적부터 예지몽이랄지, 아마도 계시 같은 '신묘한' 내용의 꿈을 꾸는 일이 종종 있었다. 난 그런 경험이 한 번도 없다.

물론 '신묘한 꿈'의 존재 자체를 믿지 않는 사람도 많을 것이다. 나 또한 어떤 기막힌 내용의 꿈이라도 실은 본인 무의식의 작용에 지나지 않을 것이라 여겨 왔다. 앞서 얘기한 동생의 꿈 정도만 해도 얼마든지 그렇게 설명 가능하지 않은가. 동생의 '그 꿈' 이야기를 듣기 전까지는 그랬다.

엄마의 장례식을 치르고 며칠 지나지 않아서의 일이다. 서울 자취집에 돌아온 나와 동생은 오랜만에 단둘이 밥을 먹게 되었다. 엄마가 아픈 뒤로 가족들의 식사 준비는 거의 내가 전담하고 있었다. 심신이 녹초가 되어 요리할 기운도 없었지만, 그만큼 잘 먹어야 할 것 같아 시판 사골국물에 떡국을 끓였다. 간단하면서도 든든해서 아픈 엄마와 지낼 때도 가장 즐겨 먹던 메뉴였다. 평소처럼 계란도 풀고 대파도 송송 썰어 넣고 엄마랑 함께 먹던 생각도 하며 둘 다 배불리 잘 먹었다. 뭔가 살짝 부족한 느낌이 들긴 했지만, 입맛이 없어서 그러려니 했다.

그런데 다음날 아침, 동생이 내 얼굴을 보자마자 이렇게 물었다. "언니, 떡국에 원래 마늘이 들어가?" 순간 아차 싶었다. 어제 떡국에 다진 마늘을 넣는 것을 깜박했던 것이다! 어쩐지, 뭔가 부족하더라. 그거였구나!

다음 순간 난 또 어리둥절해졌다. 동생은 뭔가 부족함을 느꼈다 해도 그게 마늘이란 사실을 절대로 알아차릴 수 있을 리 없었다. 동생은 요리에 관심이 눈곱만큼도 없어서, 그때까지 음식을 데우는 것 외에 어떤 조리도 해본 적이 없었고, 한식 국어는 보통 파와 마늘이 들어간다거나 하는 기초적인 상식조차 없는 상태였으니까. 그걸 어떻게 알았느냐고 물었더니, 동생이 아무렇지 않게 대답하는 것이었다. "어제 꿈에 엄마가 나와서 그러던걸? 떡국에 마늘을 안 넣으면 어떡하냐고!"

아, 그러니까 왜 그것마저도 엄마는 내가 아니라 동생한테 말해 주는 거냐고!

엄마 꿈, 두 번째 이야기—9개월 후		
: 지켜주고 싶어서		

요즘에도 삼사일에 한 번씩은 엄마가 꿈에 나온다.
예전에는 엄마가 항상 아픈 모습으로 나와서 맘이 아팠는데, 요새는 말짱한 모습으로 많이 나오고 나랑 재밌게 놀기도 한다.
이러면 꿈꿀 땐 좋은데, 문제는 깨고 나서 너무 아쉽고 마음이 그립다는 거…

어젯밤엔 밤새도록 엄마가 꿈에 나왔다.
처음엔 이상하게 상황이 반대로 돼서 아빠가 교통사고로 돌아가시고, 엄마랑 우리 셋이 남은 그런 상황이었다.
아마 며칠 전에 사촌오빠가 교통사고로 죽었다는 흉흉한 소식을 들었던 영향이 아닐까 싶다.
새벽녘에 찜찜한 기분으로 깼는데 한동안은 진짜 멍했다.
아빠가 안 돌아가신 건 다행이지만, 또 엄마가 없다는 생각에 너무 슬펐던…

일어나서 물 한 잔 마시고 도로 잠자리에 들었는데, 다시 엄마가 꿈에 나왔다.

그런데 이번엔 방금 전 기억이 아직 생생한지라, 엄마가 내 눈앞에 보여도 사실은 없다는 걸 내가 너무 분명히 알고 있는 자각몽이었다.

엄마는 아무렇지 않게 나에게…… 맥주랑 비빔밥을 주는 것이었다.

둘 다 내가 제일 좋아하는 음식이다.

맛있게 비빔밥을 먹다가 내가 엄마를 붙잡고 물었다.

왜 이렇게 내 눈앞에 나타났느냐고… 엄마가 보여도 실은 죽었다는 사실을 내가 다 알고 있는데…

엉엉 울면서 그렇게 물었다. 자면서도 진짜 울었던 것 같다.

그랬더니 엄마가 "네 옆에서 지켜주고 싶어서"라고 대답했다.

그 대답을 듣고 나는 마음이 좀 편해져서 "난 괜찮으니 인제 가도 된다"라고 엄마 등을 떠밀어 보냈다.

눈을 떠보니 아직도 새벽이었다.

시간이 지나니 아픈 기억은 조금씩 흐려지지만, 빈자리는 점점 분명해지고, 특히 자다가 문득 눈 떠서, 엄마가 없다는 게 실감이 날 때 참 무섭게 외롭다.

그리고 엄마가 너무 보고 싶다.

평생 아무것도 이 마음을 못 채울 것 같다.

엄마 꿈, 세 번째 이야기—2년 3개월 후
: 이렇게 보고 싶은데

사실 낮에는 별로, 괜찮다.
나 사느라 바쁘고, 주변에 사람들도 많고, 즐거운 일도 많고…
하지만 밤에 감정이 발동하면 주체할 수 없어진다.
죽은 사람을 보고 싶다는 게 얼마나 고통스러운 일인지, 겪어보지 않은 사람들은 절대로 모를 것이다.
물론 대부분의 사람들은 살면서 한 번쯤은 겪게 되는 일이겠지만.
삶이 이렇게 보편적으로 고통스럽다는 사실이 가끔은 어처구니없다는 생각이 든다.

지난주에 할아버지가 돌아가셨지만, 할아버지는 워낙 장수하셨고, 별로 앓지도 않으시고 식구들도 모르게 편히 가신 데다, 같이 살면서도 나와는 크게 마음의 교류가 없는 분이셨기 때문에, 서울 올라오니 거의 실감이 안 난다.
오래간만에 장례 치른 덕분에 엄마 생각만 뭉클뭉클 난다.
당연히 혼자 있으면 더하다.

어제 이것저것 생각하기 싫어 수면제 먹고 일찍 잤는데 꿈에 결국 엄마가 나왔다.

달려가서 엄마한테 꼭 안겼는데 그 느낌이 정말 엄마 살아있을 때와 똑같았다.

하지만 언제나 그렇듯 난 이게 꿈이라는 걸 알고 있었다.

난 엉엉 울면서 "이렇게 보고 싶은데 왜 먼저 갔어?"

엄마가 말하기를, "언젠가는 꼭 다시 만나자. 미안해."

나, "다시 만나면 절대 안 떨어질 거야!! 엉엉 … "

경험상, 꿈에서 이렇게 극적인 순간이 오면 바로 잠에서 깨게 된다.

꿈꾸면서도 그걸 알고 있었고, 아니나 다를까 잠에서 곧 깼다.

꿈에서 대성통곡하다 깨면 실제로도 자면서 울고 있는 경우가 있는데, 이번엔 그렇진 않았다.

새벽 5시, 시간만 확인하고 다시 얼른 자버렸는데, 다른 사람들한테 방금 꾼 꿈 내용을 막 얘기하는 꿈을 꾸고선 다시 깼다.

이번엔 아침이었다.

그리고 눈물이 눈에 고여있었다.

언젠가는 꼭 다시 만날 거야.

하지만 살아있을 때 다시 한번만 만날 수 있다면, 내 수명 10년쯤을 대가로 내놓을 수도 있을 것 같다.

엄마 꿈, 네 번째 이야기―3년 4개월 후	
: 엄마, 나 어떻게 해야 해?	

어젯밤, 바야흐로 눈앞에 닥친 미래에 대한 불안과 현실의 벽 앞에서 심란하고 답답함으로 잠 못 이루다 겨우 빠져든 꿈나라에서 간만에 엄마를 만났다.
지금 이 시점 엄마의 영혼과 만남이라는 사실을 금방 알아차렸고, 난 당연히 바로 물었다.

"엄마! 나 이제 어떻게 해야 해?"

그랬더니 엄마가 마치 기다리기라도 한 것처럼 이렇게 대답했다.

"예술이란 건, 네 욕심이 아니라 아름다움을 추구하는 거야."

내 마음이 지치고 막막해질 때마다 이렇게 나타나 나를 위로해 주고 해답을 던져주는 엄마.
이런 걸 어떻게 한낱 무의식의 발현이라고 할 수 있겠어.
어떻게 영혼이란 게 없다고 할 수 있겠어.
경험해 보지 않은 사람은 모를 수밖에.

예전의 내가 그랬듯이.

엄마, 언제나 많이 고마워요.

내 욕심보다 더 큰 가치를 위해서, 두려워도 용감하게 나가볼게.

| 엄마 꿈, 다섯 번째 이야기―3년 11개월 후 |
| : 조금만 더 돌려줄 수 있다면 |

엄마가 하늘나라로 간지도 올 기일이면 벌써 만 4년이다.

그동안 꿈에서 엄마를 수도 없이 봤다. 엄마 돌아가시고 한 일 년 동안은 거의 일주일에 두어 번꼴로 꿈에 엄마를 봤다. 그 이후로 지금까지는 쭉 비슷한 빈도로, 불규칙하지만 평균 한 달에 한두 번 정도 본다. 엄마 생일과 기일이 가까운 가을, 겨울로 가면 빈도가 증가하는 경향이 있다.

꿈의 내용을 보면, 확실히 엄마가 지금 이 세상 사람이 아니라는 걸 서로 알고 있는 상태에서 만나서 새로운 얘기를 나누는 경우도 있지만, 그런 경우는 여태 겨우 서너 번 정도였다.

대부분은 엄마가 한창 아팠을 시절, 우리를 떠나가기 얼마 전 모습과 상황이 실제 기억과 비슷하거나 약간 왜곡되어 재현된 내용이다. 엄마가 곧 떠나갈 걸 알면서 어떻게든 해보려고 발버둥 치면서 울다 깨면 눈가가 젖어 있고, 가슴이 아파서 한동안 다시 잠들지 못하곤 한다. 또는 어딘가에 있는 엄마랑 어떻게든 통화나 연락을 하려 애쓰는데 잘 안돼서 밤새 온갖 애를 쓰다 기진맥진해서 깨는 적도 많다.

한편 엄마가 옆에 있긴 있는데, 우리 가족은 엄마가 죽은 사람이란 걸 알고 있지만 다른 사람들은 모르는 상태에서 남몰래 같이 지내는 내용의 꿈을 꽤 여러 번 꿨다. 웬 설정인가 싶은데 재미있게도 내 동생도 그런 내용의 꿈을 꾼 적이 많다고 한다. 또 엄마 대신 아빠가 돌아가시는 꿈도 몇 번 꿨는데, 두 분이 다 잘못되는 적은 한 번도 없었다.

어쨌든 꿈에서 어떤 형태로 엄마를 만나도 엄마가 돌아가셨다는 사실을 완전히 잊고 즐거워하는 경우는 없었다. 그 사실을 잊기엔 엄마의 부재가 내 무의식에까지 너무 크게 자리한 모양이다. 그래서 꿈에 엄마를 보면 어떤 내용이든 간에 깨고 나서 한동안 기분을 추스르기가 힘들다. 특히 통 엄마 생각을 잊고 지내다가 갑자기 꿈에서 만나게 되면 더 그렇다. 바로 엊그제가 그랬다.

요즘 공사다망해 한동안 엄마 생각은 하지도 않고 지냈는데, 갑자기 꿈에 처음 보는 모습의 엄마를 만난 것이다. 엄마가 그냥 아픈 게 아니라 몸이 갓난아기처럼 쪼그라들어서 심지어 눈도 보이지 않고, 내 말을 알아듣긴 하는데 대답도 할 수 없는 완전히 무력한 상태가 되어서 괴로워하고 있었다. 그 모습이 너무 안쓰러워서 내가 앞에 쪼그려 앉아 아기처럼 작은엄마를 어루만졌는데, 끼지근하고 쪼글쪼글한 그 감촉이 잠에서 깨고도 생생하게 내 손에 남아있었다.

내장을 긁어내는 듯 어마어마한 아픔이 밀려왔다. 그냥 수사가 아니라 정말 온 가슴과 뱃속의 내장을 박박 긁어내는 것 같은 느낌이었다. 어둠 속에서 침대에 누워 그 고통이 가라앉길 기다리면서 이건 또 무슨 설정일까 생각해 보니, 엄마가 숨을 거두기 직전이 딱 그 상태였던 것 같다. 몸만 쪼그라들지 않았지, 마지막 며칠은 엄마가 말도 못 하고 사지도 가누기 힘든 갓난아기와 같은 상태였다. 많은 사람들이 죽기 직전에 그런 상태가 되지만 대부분 의식도 같이 흐릿해지는 데 비해, 엄마는 마지막까지 의식이 너무 또렷해서 그런 몸을 견디기 더 어려워했다.

그래서 그런 고통의 시간이 너무 길어지지 않기를 기도했지만, 그렇게까지 빨리 끝날 줄은 몰랐다. 일주일도 안 되는 짧은 시간이었지만 그런 엄마를 돌보기는 쉽지 않았다. 많은 말기 암 환자들과는 달리 엄마는 마지막에 그렇게 마르지 않았고, 오히려 치료를 시작했을 때보다 몸이 좋아진 상태였다. 차라리 엄마가 꿈속에서처럼 겉보기에도 어린애처럼 쪼그라든 상태였다면, 정신적으로도 육체적으로도 돌보는 사람이 더 편했을지 모르는데.

치료 기간 내내 간병 제1 담당자였던 난 엄마가 완전히 꼼짝 못 하게 되고 나서는 다른 식구들한테 많이 맡기고 힘을 아꼈다. 어느 정도 장기전이 될 걸로 예상했기 때문이다. 그런데 엄마는 너무 금방 떠나버렸다. 내가 좀 지쳐보기도 전에 말이다. 그게 나에겐 두고두고 가장 마음에 걸리는 점이었다. 엄마의 마지막에 내 온 힘을 다해서 잘

해주지 못했다는 사실 말이다. 다들 쓸데없는 죄책감이라 하고 나도 머리론 알아듣지만, 결국 그런 마음이 그런 꿈까지 만들어내지 않았나 싶다.

엄마가 나에게 건강한 정신력을 물려주고 길러준 덕에 엄마의 부재를 잘 받아들이고 적응하고는 있지만, 시간이 갈수록 점점 커지는 안타까움은 엄마가 돌아가셨을 때 내가 너무 어렸다는 점이다. 물론 더 어릴 때 부모와 헤어지는 사람도 많고, 그때 난 스물여섯인 내가 충분히 어른이라고 생각했지만, 나이를 먹을수록 내가 그때 한 살이라도 더 성숙했더라면 엄마를 더 잘 이해하고 돌봐줄 수 있었을 것이고, 일 년이라도 더 같이 살았다면 얼마나 더 많은 것을 나눌 수 있었을까 하는 생각이 든다.

스물여섯이란 나이는 엄마 없이 살아가기엔 충분히 성숙한 나이지만, 같은 여자로서 엄마가 쌓아온 인생의 지혜와 깊이를 나누기엔 좀 모자란 나이였다. 내가 또래에 비해 조숙하고 엄마랑 코드가 잘 맞아서 웬만한 다른 모녀지간보다 많은 걸 나누며 살아오긴 했지만, 이제 와 서른 살이 된 내가 돌아보기에 엄마의 마지막을 함께한 나는 턱없이 미성숙하고 모자란 딸이었다. 물론 엄마가 아프고 돌아가시지 않았다면 내가 지금보다 훨씬 덜 성숙했을지도 모른다. 그런 만큼 엄마에게 받은 걸 돌려줄 길이 없다는 아쉬움이 클 수밖에 없다.

지금이라도 엄마가 아기처럼 쪼그라든 무력한 모습으로나마 내 곁에 돌아와 준다면, 온 힘을 다해서 그동안 내가 받았던 걸 조금이라도 더 돌려주고 싶은데, 그럴 수 있는데… 하는 마음이 그런 꿈을 불러낸 게 아닐까. 누구든 자식이 부모에게 받은 만큼 되돌려드리겠단 욕심 자체가 무리한 거겠지만…

겨우 26년간 받은 걸로도 이렇게 버거워하는 나에게 혹시나 떠날 때 엄마가 미안하다는 생각을 했을까 봐, 그게 더 미안하게 느껴지는 딸이다. 서로의 미안함을 덜려면 죽음을 앞둔 엄마에게 내가 했던 말, 엄마가 없어도 있을 때보다 더 잘 살 수 있단 약속을 지키는 것밖에 길이 없을 것 같다.

엄마 꿈, 여섯 번째 이야기—5년 4개월 후	
: 사랑하는 순간 영원을 살고	

"사람은 서로 진정으로 사랑하는 순간 영원을 살고, 그 외엔 세상에 아무것도 의미 있는 것이 없다."
어제 꿈에서 만난 엄마에게 이렇게 얘기하려는 순간 깼다.
하지만 엄마도 분명히 떠나기 전부터 알고 있었을 것이라 믿는다.

나는 저 사실을 엄마를 보내는 과정에서 깨달았다.
1년 반의 전쟁 같은 투병 생활이 끝나고 장례식장에 멍하니 앉아 있다가, 목사님이신 큰이모와 몇 마디를 나누던 중, 불현듯 저 역설의 진리를 처음으로 이해하게 되었다.
나처럼 둔감하고 냉정한 인간이 이런 경험이 아니었다면 죽을 때까지 그 진리를 실감할 수 있었을까. 그러니 고난이 축복이라는 말이 빈말만은 아니라는 사실도 말이다.
하지만 대충 깨닫기는 했어도 저렇게 딱 정리되지는 않았는데, 그러다 또 호지부지 잊어버리고 살까 봐 걱정됐는지 어제는 엄마가 다짐해주러 찾아온 것 같다.
난 원래 영적인 감이 통 없어서 그런 개념을 잘 못 믿던 사람인데, 이런 경험들 덕에 그쪽으로 믿음도 많이 생겼다.

엄마, 이제 새롭게 만날 시간이야

이제 엄마 꿈은 '잊을 만하면' 한 번씩 꾸는 정도이다. 여전히 아쉽고 영원히 그리운 것과는 별개로 엄마 없는 삶이 온전한 궤도에 들어선 것이다. 무엇도 거스를 수 없는 시간의 힘도 있었고 남은 가족들이 함께 노력한 것도 있지만, 무엇보다 새로운 가족들의 합류가 큰 역할을 하지 않았나 싶다.

결혼에는 통 회의적이던 내가 운명처럼 배우자를 만났고, 동생은 그보다 먼저 결혼하여 아이를 셋이나 낳았다. 엄마를 만난 적 없는 가족들과 엄마에 대한 이야기를 나누고, 그들에게서 당연히 또는 우연히 엄마와 닮은 점들을 발견하면서, 추억의 초점은 차츰 부재와 이별에서 존재와 함께했던 순간들로 옮겨져 갔다.

그런데 아직도 꿈에서 엄마를 만나고 나면 마음이 힘들어지는 경우가 많다. 정확히 말하면, 내 마음이 힘들 때 꿈에서 엄마를 만나는 일이 많다. 힘들 때 엄마 생각이 나는 건 많은 이들이 마찬가지일 텐데, 나는 이제 엄마의 부재에 익숙해져서 의식적으로 떠올리는 건 아니지만, 무의식이 꿈에서 엄마를 소환할 때면 '지금 내 스트레스가 임계점에 달했구나.'라고 깨닫곤 한다.

꿈을 통한 영혼의 소통을 이제는 믿는 입장에서 바꿔 말하면, 엄마가 무의식을 통해 내 상황에 대한 경고를 보내주는 것이겠다. 엄마는 살아계실 때부터 늘 그런 역할을 해주었다. 타고나길 감정이나 관계적인 면에 몹시 둔감해서 큰 탈이 날 때까지 좀처럼 알아차리지 못하는 나는 그런 경고가 꼭 필요한 사람이다.

가장 최근에 엄마가 이틀이 멀다하고 꿈에 나타나며 요란하게 경고 사인을 울렸던 사건이 있다. 엄마와 헤어진 뒤 한 치 앞도 보이지 않는 어둠 속을 헤맸던 20대, 짙은 안개 속에서 끊임없이 좌충우돌하던 30대를 지나 40대에 들어서며 나는 비로소 길을 찾은 것 같은 기분이 들었다. 이제야 '이렇게 살아가면 되겠구나!' 싶은 자신감이 좀 생겼는데, 그러기가 무섭게 헛바람이 들고 말았다. 지금까지 내가 쌓아온 것, 나의 곁을 지켜준 이들의 소중함을 잊고, 새로운 도전이라는 미명으로 엉뚱한 길에 빠져버린 것이다. 금방 아차 싶었지만, 무르기가 쉽지 않아 한동안 혹독한 마음고생을 했다. 그래도 간만에 엄마에게 따끔하게 야단맞은 덕에 정신을 차리고 너무 늦지 않게 돌아 나올 수 있었다.

상황이 정리되고 나서 엄마와 약속했던 초심을 다시 마음에 새기고 반성할 겸, 오랜만에 엄마가 남긴 글을 다시 읽어보다가 문득, 이제는 이 마음들이 세상에 나올 때임을 깨달았다. 엄마와 이별하는 과정을 기록해 두고 차마 다시 읽어보지 못했던 나의 글도 마주할 용기가 생겼다. 마침내 엄마와 새로운 만남을 시작할 준비가 된 것이다.

지금 내 나이는, 엄마가 엄마의 엄마와 이별할 준비를 시작했던 바로 그 나이다.

걱정 마, 엄마

이 원고를 마무리할 무렵, 간만에 꿈에서 엄마를 만났다. 우리는 함께 지하철을 타고 이동 중이었고, 알 수 없는 역이지만 아무튼 종점까지 가서 같이 내렸다. 최종 목적지를 가기 위해서는 거기서 다른 교통수단으로 갈아타고 더 가야 했는데, 역에서 나와 보니 갑자기 엄마의 모습이 안 보이는 것이었다. 잠시 두리번거리며 애타게 엄마를 찾던 나는 문득 깨닫고, 보이지 않는 엄마를 향해 큰 소리로 외쳤다.

"엄마! 여기서부터는 나 혼자 가야 하는 거 맞지? 알겠어, 나 알아서 끝까지 잘 찾아갈게! 걱정하지 마, 엄마!"

그러자 엄마의 얼굴은 보이지 않았지만 엄마가 분명한 목소리가 귓전에서 들려왔다.

"응!"

동시에 나는 잠에서 깨어났다. 그 목소리가 어찌나 생생했는지 깨서도 한동안 울리는 것 같았다. '여기서부터는 혼자'라는 말이 '영원히 함께'와 같은 말임을 이제는 확신한다.

우리에게 오직 한 가지 위안이 되는 것은, 어쨌거나 시간은 흐른다는 것이다.
아무리 순간이 영원처럼 느껴지는 악몽을 겪고 있더라도,
혹은 이 순간이 영원했으면 좋겠다고 생각하게 하는 희열과 행복에 싸여 있을지라도,
시간은 조금도 눈감아주지 않고 이전에도 이후에도
그 어떤 사람에게도 꼭 같은 속도로 유유히 흘러간다.

안소영, 「시가 된 풍경 4, 사랑하는 순간 영원을 살고」, 2025년, 린넨에 아크릴, 65×50cm

제 4 장

그럼에도 결국
사랑만이 또렷이 남았네

엄마와의 이별은 삶의 균형을 무너뜨릴 만큼 큰 상실이었지만, 시간이 흐를수록 고통보다 사랑이 더 또렷하게 남았다. 함께 했던 날들의 온기와 헤어지는 길에서 엄마가 보여준 깊은 마음은 헤어짐 이후에도 내 삶을 이끄는 힘이 되었다. 슬픔이 희미해지는 만큼 사랑은 더욱 단단해졌다. 결국 남은 것은 그 모든 순간을 감싸는 사랑뿐이었다. 그 사랑으로 나는 오늘을 살아간다.

외로운 밤

별들도 위로가 되지 않는 밤에
내가 무심코 켠 불빛으로
강 건너 누군가
쓸쓸함에 빠져
짙은 어두움만 바라보던
그 누군가의 가슴에
깜빡
따스함을 줄 수 있다면
이 밤도
나도
그저 외롭지만은 않으리니…

2004. 5

밤 놀이터

달빛이

미끄럼타고

하느적 모래벌로 내려오다가

저것

반짝이는 저것은…

아하,

아까 낮에 아이들이 떨구고 간 단추 알 하나.

심심해서 내려온

별아기

그넷줄에 매어달려 졸고 있는데

바람은

시소 타고 올라가

후울떡

철봉 위에 매달려

가만한

어두움 한 점
밀어 넣고 있다.

2003. 8

우물

우물 들여다보면

동그란 하늘

하늘 속에

가득한 별

참방

두레박으로 길어 올린

꿈

한 동이.

2003. 10

새벽길

비는 추적추적 내리는데
5월이라서인지
그리 차지는 않은 신촌의 새벽길

갑작스런 딸아이의
위경련으로
응급실에 갔다 돌아오는 길…

딸은 내게
미안하다고 하지만
왜 그런지
내가 더 미안해져서
딸의 작은 어깨를 감싼다.

서둘러 챙긴
우산은 하나뿐인데
이제 좀 나아서

걷고 싶다는 딸아이의 뜻대로

타박타박 걷는다…

세상은 어수선하고

비는 그칠 기미가 없는데

동그란 우산 속

신촌 새벽길은

하나도 무섭지 않다…

2004. 5

나의 위경련 투병기

　나는 어릴 적 잔병치레가 심했다. 어린 시절 기억을 떠올리자면 아파서 누워있던 기억이 태반일 정도이다. 엄마는 항상 노심초사하며 그런 나를 돌보셨다. 원인을 생각해 보면 타고나길 몸이 좀 약하게 타고나기도 했고 운동 부족이 심했던 데다, 극히 내향적이고 강박적인 성격을 가진 내게 수많은 다른 이들과 무작위로 단체생활을 해야 하는 학교생활 자체가 버거웠고, 그 스트레스가 고스란히 몸으로 전해진 것 같다.

　심리적 스트레스는 어떤 형태로든 몸에도 부담을 주게 되어 있고, 특히 심리적 문제를 인식하지 못하면 그 위력이 더 커지기 마련이다. 바로 나의 어린 시절이 그랬다. 대학생이 되어 어느 정도 주도적으로 내 삶의 리듬과 밀도를 조절할 수 있게 되자 이유 없는 잔병치레가 서서히 줄기 시작했다. 그 인과관계를 깨달은 것은 한참 뒤였지만 말이다.

　그러나 20대의 새로운 스트레스는 관계와 감정이라는 문제였다. 버거운 외부 자극을 견뎌내기에만 급급했던 어린 시절에는 내가 무엇보다 우정에 진심이고 공동체와 관계에 영향을 많이 받는 사람이라는 걸 몰랐다. 스무 살의 인간관계란 누구에게나 혼돈이겠지만, 나는 유난히 감정의 영역에서 서툴렀다. 감정을 어떻게 읽어야 하는지, 표현해야 하는지, 처리해야 하는지 알지 못했다. 관계와 감정의 문제가 생기면 관찰해서 분석하고 이해하면 해결될 거라고 생각했다. 그렇게 차곡차곡 쌓여 가던 감정 문제는 마침내 또 하나 새로운 신체 증상을 만들어냈다. 이른바 '신경성 위경련'이었다.

고약한 위경련의 시작

증상이 처음 일어난 것은 대학교 3학년 때 아주 친했던 친구에게 배신을 당하는 큰 충격을 겪고 난 뒤였다. 잘 정리해서 해결했다고 믿고 있었는데, 속이 뒤집어지는 순간 그 문제 때문임을 직관적으로 알 수 있었다. 그전에도 스트레스를 받으면 속이 뒤집어지는 일이 있었지만 이번 위경련은 차원이 달랐다. 위경련의 증상과 강도는 다양한데, 아주 지독한 케이스였다.

위장이 경련을 일으키며 속에 든 것들을 위아래로 짜내다가 멈추고, 곧 다시 극심한 복통과 구역질이 시작되기를 반복한다. 모든 걸 남김없이 다 토해내도 구역질은 계속된다. 나중에는 나올 것이 없어 쓰디쓴 위액만 계속 토하는데도 경련은 멈추질 않는다. 사전에는 몇 분에서 몇 시간 지속된다고 하는데, 내 경우는 그냥 놔두면 7~8시간 이상 지속되었다. 그 시간 동안 짧게는 10여 분, 길게는 1시간 간격으로 구토가 계속되는 것이다. 괴롭기도 괴롭고 나중에는 앉아 있을 힘조차 남지 않는다. 화장실에 쓰러져서도 변기통에 기대 계속 구역질을 할 수밖에 없다. 그 순간엔 눈앞에 아무것도 안 보이고 걱정해 주는 가족들의 목소리도 들리지 않고, 이 세상 끝에 혼자 떨어져 있는 듯한 기분이 들곤 했다.

다만 위경련은 소화불량이나 염증과는 달리 아무리 죽을 만큼 아팠어도 일단 경련이 멈추고 나면 언제 그런 일이 있었냐는 듯 증상이 깨끗이 사라진다. 뒤끝으로 탈진과 근육통만 남을 뿐이다.

처음 이 증상을 겪었을 때는 도대체 이게 무슨 일인지 너무 놀랐는데, 몇 차례 병원 진료를 받으면서 그 정체를 파악하게 되었다. 그랬다, 끔찍한 경험은 한 번으로 끝나지 않았다. 그 뒤로 몇 달 주기로 피로가 쌓이거나 스트레스를 받을 때마다 이 지독한 위경련 발작이 찾아오곤 했다.

또 하나 이 위경련의 고약한 점은 꼭 한밤중에 시작된다는 점이었다. 일단 발작이 시작되면 병원에 가서 정맥주사로 진경제를 맞는 것 외엔 답이 없는데, 한밤중엔 응급실이나 당직병원을 찾아가야 하니, 아픈 것도 괴로운데 번거롭기 이를 데 없었다. 날씨마저 궂은 밤에 '그분이 오시면' 정말이지 지옥 체험을 하는 기분이었다. 그러다보니 한창 발작이 잦을 때는 언제 또 '그분이 오시려나' 노이로제가 생겨, 그 스트레스가 또 발작을 부르는 악순환이 되기도 했다.

간병 받았던 내가 엄마를 간병하기

그 난리로 나 말고 가장 고생한 사람은 당연히 엄마였다. 당시엔 서울에서 자취를 하고 있었는데, 묘하게도 꼭 본가에 내려와 있을 때 아니면 엄마가 자취 집에 올라와 있을 때 발작이 나곤 했다. 쌓이던 스트레스가 긴장이 풀리면 터져 나오는 형국이겠지만, 툭하면 밤샘 간병에 응급실 수발까지 들어야 하는 엄마에게 너무 미안했다. 몇 번인가 간신히 진정된 속을 쑤시는 사지로 부여잡은 채 엄마의 따뜻한 팔에 기대 터덜터덜 집으로 돌아오던 깊고 깊은 밤의 풍경이 공기의 온도며 냄새까지 또렷이 각인되어 있다.

그래도 기약 없는 구역질이 얼마나 고통스러운 것인지 실감했던 그 경험이 나중에 항암치료 부작용으로 고생하는 엄마를 조금이나마 이해하고 공감하는 데 도움이 되지 않았을까, 그나마 위안 삼곤 했다. 엄마도 항암치료를 겪으면서, 외할머니를 간병할 때 구역질로 힘들어하는 외할머니에게 식사하라고 잔소리했던 일이 미안해진다며 눈물을 보인 적이 있다.

신기한 건 내가 엄마를 간병했던 일 년 반 동안이 그간의 삶에서 가장 스트레스가 극심했던 기간인데 그때는 한 번도 위경련이 없었다는 점이다. 한시도 긴장을 놓을 수 없는 날들이었기 때문인지, 또는 외려 엄마와 계속 붙어 있으면서 건강 챙기는 안정적인 생활을 했기 때문인지도 모르겠다. 또 하나 그때의 중대한 변화도 이유일 것 같은데, 어떻게 해도 피해 가거나 거리두기 할 수 없는 가장 큰 슬픔을 마주하면서, 비로소 내 감정을 마주하고 경험하는 법을 배우게 되었던 것이다.

어릴 적부터 좀처럼 눈물 흘리는 법이 없고, 눈물 흘리는 사람들을 잘 이해하지도 못했던 나였다. 그런데 엄마와 몸으로 마음으로 헤어지는 몇 년 동안 이제는 평균에 밑지지 않겠다 싶을 정도로 몰아서 다 울었고, 그 과정에서 나와 다른 사람의 감정을 이해하고 받아들이는 능력이 크게 나아졌다. 물론 여전히 아마도 영원히 가장 큰 과제로 남아 있겠지만, 그렇게 감정을 대하는 법의 중요성을 몸소 깨달으며, 엄마에게 받아 왔던 남들보다 많은 돌봄을 압축적으로 갚아 드리며, 나는 섭리에 따라 엄마 없는 세상을 준비할 수 있었다.

'이제 엄마가 안 계시면 그렇게 헌신적으로 나를 돌봐줄 사람은 세상에 없으니, 앞으론 스스로 내 몸을 돌볼 수 있어야 해.' 이렇게 결심하는 마음에 외로움이나 서운함은 없었다. 미안해하고 걱정하는 마음은 살아생전으로 족하다. 서로를 굳게 믿는 마음으로 헤어지는 것이 우리의 사랑임을 확인했으니까.

또한 간병하고 간병 받아본 입장에서 절실히 깨달은 사실은 어차피 물리적인 고통은 누구와도 나눌 수 없다는 것이었다. 아플 때 기댈 수 있는 사람도 중요하지만, 가능한 한 아프지 않은 것이 최선이다. 그동안 엄마에게만 기대왔던 건강관리를 스스로 잘하기로 다짐했다. 그것이 자기 몸은 돌볼 겨를 없이 가족들에게 헌신했던 엄마에게 최소한의 보답이라 생각했다.

이후로 나의 위경련과 완전히 안녕한 것은 아니었다. 엄마와 이별을 잘 마무리하고 새로운 삶의 단계에 들어서며 또 다른 문제와 스트레스를 마주했고, 한밤중의 위경련은 다시 찾아왔다. 혼자 119를 눌러서 구급차를 타고 간 적도 몇 번 있고, 결혼하기 전까지 같이 살던 동생이 많이 고생해주었다. 이렇게 저렇게 응급실까지 가지 않고도 견디는 요령도 찾아갔다.

무엇보다 본격적으로 마음공부를 하며 감정을 계발하고 타인과 소통하는 법을 계속 익혀나갔고, 그 부분에 조금씩 자신감이 생기면서 발작의 빈도는 차츰 줄어들었다. 그리고 30대 후반부터는 '이젠 도저히 안 되겠다' 싶어 운동을 시작했는데, 몸 건강뿐 아니라 마음 건강에도 많은 도움을 받았다.

지금 40대 중반이 된 나는 20, 30대 때보다도 훨씬 건강과 체력이 좋다. 서른다섯 이후로 지금까지 비슷한 패턴의 위경련을 겪은 것은 두어 번 정도이다. 언제 또 찾아올지는 몰라도 평소에 걱정하지 않고 살 정도는 되었으니, 이 정도면 하늘에 계신 엄마도 마음 놓지 않으셨을까 싶다.

다만 엄마가 살아있던 시절로 돌아갈 수 있다면, 일찍부터 함께 건강관리를 열심히 하면서 나란히 늙어 가면 얼마나 좋을까, 하는 아쉬움이 자꾸 드는 건 어쩔 수 없다. 그래도 지금 나의 모든 것들이 결국 엄마의 선물이니, 그저 고마운 마음으로 귀하게 누려야겠다.

인소연, 「내게 너에게」 겨울 14, 2025년, 판넬에 아크릴, 53×53cm

생전에 함께 나누었던 대화들, '언젠가는 엄마가 말하는 뜻을 이해하게 될 거야'
하는 눈빛으로 내게 들려주었던 이야기들, 추천해준 책과 영화들,
엄마가 몸소 보여준 삶의 모습들 안에 이미 모든 답이 숨어있었고,
나는 그저 살아가며 보물찾기하듯 하나씩 그 답을 찾아오고 있었던 것이다.

봄나들이

봄 길을 걷다가
눈을 드니
하늘 폭의 한 점
마악 그린 수채화…

하양
분홍
연두

점점이 숨어있는
노랑
보라

수채화 속으로
바람 산들 불어드니
하늘하늘
꽃잎

꽃 이파리들…

봄나들이엔

맨발이 제격이라…

2004. 4

금산 가는 길

흰 구름 꽃처럼 피어오르는

하늘 너머로

도라지꽃 별처럼 피어나는

고개 너머로

길은

길 따라

연이어

있더이다.

2003. 7

나비꽃

날아갈 듯
바람에
하늘거리는
날갯소리

웬 분홍 나빌까 치면
향기로운
꽃송이

살며시
손 내밀어 모두우면
포르라니
나부끼는
꽃잎.

2003. 7

땅끝에 서다

바다가 다하는 곳에서야
비로소 마을은 시작되었다
나지막이.

퐁당퐁당 바닷물 속으로 빠져들던 별들도 이젠
바람에도 꼼짝하지 않는 문신이 되어버리고

잉크처럼 번져오르던 갈매기 떼들은
숨을 죽이고
당신의 그 맥박이 다시 뛰어오를 때
잇꽃 향은 아찔하다.

우거진 침묵 속에서
당신이 빗장을 열면
그곳에서 땅은 끝이 아니고 시작되는 것을…

2005. 11

다시 만난 엄마의 교훈

엄마는 언제나 자녀의 의견과 입장에 귀 기울이고 존중해주셨으며, 사소한 일에 잔소리는 해도 이러쿵저러쿵 설교하시는 적은 없었다. 특히 나는 어릴 적 꽤 주관이 뚜렷하고 관습에 저항적인 꼬마였기에 엄마가 더욱 나를 주의 깊게 대한 것 같기도 하다. 그래도 딸들에게 꼭 전해주고 싶은 인생의 큰 그림에 관해서는 기회 있을 때마다 종종 이야기하셨다. 동생은 그 내용들을 세세한 것까지 기억하며 실제 삶에도 도움을 많이 받았다고 하는데, 솔직히 나는 남의 교훈을 귀담아듣는 편이 아니라 그런지 기억하는 게 많지 않다.

그런 내가 정확히 기억할뿐더러 나이 들며 새롭게 깨닫게 된 엄마의 교훈이 하나 있다.

"생각은 자유롭게 하고, 행동은 보수적으로 하라."

당시에는 저 말의 의미가 정확히 잘 이해되지 않았다. 솔직히 좀 비겁한 태도 아닌가 생각도 했던 것 같다. 하지만 일단 실용적으로는 타당한 말인 것 같았고, 또 엄마에 대한 신뢰가 있었기에 평소의 비판적이고 반항적인 태도는 접어두고 "언젠가는 이해가 가겠지"라고 편하게 생각했다. 나 스스로 그에 대해 확실한 판단을 할 수 있을 때까지는 일단 그렇게 살고 보는 게 좋겠다 싶었고, 그렇게 살아왔다. 그리고 30대에 들어서야 서서히 저 말의 참뜻이 이해되기 시작했다.

'생각은 자유롭게, 행동은 보수적으로'에서 자유와 보수의 명확한 기준선이 있는 건 아니지만, 요지는 행동보다는 사고의 반경을 넓게 하라는 데 있다.

행동의 반경을 좁게 하라는 것은 남의 시선을 의식해 편하게 살자고 하는 기회주의적 행동 수칙이 아니다. 사회적 규범이란 비록 그 자체로 절대적인 가치라 할 수는 없고, 대체로 가변적인 것이라 해도, 나름의 역사성과 타당성에 기반한다. 따라서 그에 대해 주체적으로 판단할 수 있는 연륜, 그리고 그 선을 넘나드는 대가에 책임질 수 있는 내공이 쌓이기 전까지는 무시하지 않는 것이 일생에 돌이키기 힘든 실수와 민폐를 줄일 수 있는 현명한 태도라는 것이다.

또한 행동보다 생각의 반경을 넓게 하라는 것은 나와 다른 사고방식과 행동양식을 가진 타인들을 내 잣대로 함부로 판단하지 않는 포용력, 그리고 역사의 부름이 명확할 때는 언제라도 습관적인 행동반경에서 벗어나 한 발 내디딜 수 있는, 즉 용감해질 수 있는 여유를 가지라는 것이다.

이 교훈이 누구에게나 적합하고 필요하다고 할 수는 없을지 모른다. 나처럼 기질적으로 내성적이고 신중한 사람에게는 실천하기 어렵지 않겠지만, 실제로 생각보다 행동이 앞서는 사람들이 없다면 인류 역사에

진보나 예술이란 없었을 것이다. 그러나 이 험난하고 변화무쌍한 세상에서 '엄마'가 '딸'에게 줄 수 있는 '삶의 지혜'론 이보다 나은 교훈이 있을까 싶다.

이런 식으로 여전히 엄마는 날 키우고 있는 느낌이다. 엄마를 잃은 후의 시간이 쌓여갈수록 오히려 내 안에서 엄마의 존재는 점점 더 커지고 있다. 함께 한 26년의 시간은 너무나 아쉽고 짧았지만, 아무리 생각해도 엄마는 딸들에게 물려줘야 할 모든 것들을 더할 수 없이 적합한 방식으로 조금도 남김없이 다 주고 간 것 같다.

현경이에게 권하고 싶은 일곱 가지 ,

엄마가 돌아가시고 나서 한참 뒤, 옛날 짐을 정리하다가 기억도 가물가물한 글 한 편을 발견하고 깜짝 놀랐다. 내가 중학교 1학년 때 학교 문집에 실렸던 글인데, 평생 엄마와 함께 나누었던 삶의 가치관들이 중학생도 이해할 수 있는, 그러나 평생 곱씹어도 좋을 언어들로 축약되어 있었다.

현경이에게 권하고 싶은 일곱 가지

하나, 아침마다 하늘 쳐다보기

계절이 변함에 따라 달라지는 하늘의 높이 그리고 빛깔, 이 가을쯤은 어딘가에 숨어있을 들국화 향기와 깊어가는 낙엽 냄새가 있을 터이니. 하루를 시작함에 있어 답답한 가슴을 툭 트이게 하는 비결. 혹 비가 온다면 비 오는 하늘 쳐다보며 온 얼굴로 떨어지는 빗방울 맞기가 얼마나 재미있는지도 알게 될 것임에. 눈이 내린다면 그건 대단한 축복이지.

둘, 쉬는 시간마다 친구들과 마구 떠들기

알 듯 모를 듯한 수업 시간을 끝내는 저 종소리의 위대함을 만끽하며 친구들이랑 이 얘기 저 얘기 실컷 하기. 멋진 탤런트며 서태지 얘기도 좋고 방금 전 수업을 마치고 나가신 선생님 얘기도 괜찮고 속상했던 어제 일도 털어놓고. 다만 한 가지 약속하기. 실컷 수다 떨고 미운 마음을 남김 없이 다 쫓아버리기.

셋, 맛있게 점심 먹기
신나는 점심시간엔 맛있게 도시락 먹기. 비록 좋아하지 않는 반찬이 담겨 있더라도 그것을 싸준 엄마의 눈물겨운 정성과 깊은 뜻을 헤아려 깨끗이 먹어주기.

넷, 만화책 보따리로 읽기
삶에서 만날 수 있는 가장 소중한 벗 — 그것은 '책'이라는 평범하고도 흔한 녀석이지. 그 소중한 벗 만화책 속의 여러 친구들이 벌이는 이야기 속에 푹 빠지기. 하지만 한 가지, 그 만화책 보따리 속에 아빠가 권하신 과학책도 몇 권, 엄마가 즐겨 읽는 시집도 몇 권, 선생님이 추천하신 고전도 몇 권은 양념으로 꼭 넣기.

다섯, 비밀은 마음속에 꼭꼭 간직하기
비밀 없는 사람처럼 매력 없는 사람은 되지 말기. 고운 비밀, 쬐끄만 비밀은 두어 개 가슴속에 꼭꼭 간직하기. 하지만 너무나 커서 가슴에 간직할 수 없는 비밀은 엄마랑 나누어 갖기. 그래서 엄마랑 공범이 되어버리기.

여섯, 콧대 있는 대로 세우고 다니기

그렇지 않아도 높은 코를 더 세우고 다니기. 왜냐하면, 나 자신은 이 세상에서 가장 소중한 존재이므로. 이 우주가 아무리 광활하고 불타듯 타는 저녁노을이 황홀하다 해도 그것을 바라보고 있는 '내'가 없다면 아무런 의미가 없는 것이므로. '내'가 살아 있기에 이 세상도 내게 존재한다는 것, 그러므로 대단한 '내'가 자존심 팽개치는 비겁한 짓은 절대 할 수 없음을.

그리고 마지막 일곱, 한 번쯤은 고개 숙이기

졸려서 눈이 감기려 할 즈음엔 아예 다 접어두고 쿨쿨 자기. 하지만, 그 전에 잠깐 깜박 잊은 약속이나 할 일은 없는지, 오늘 하루 쓸데없는 말로 친구의 마음을 아프게 한 건 없었나, 돌이켜 생각해 보기. 생각할 수도 있고, 볼 수도 있고, 들을 수도 있고, 얘기할 수도 있고, 뛸 수도 있도록 모든 것을 조화롭게 섭리해주신 위대한 우리의 창조주 앞에 한 번쯤은 겸허히 고개 숙이고 기도하기.— 감사합니다. 저에게 주어진 모든 것에. —

모자란 점이 셀 수 없는 나지만, 그래도 유일하게 자부할 만한 능력이라면 내가 진정으로 원하는 게 무엇인지를 잘 아는 능력인데, 바로 이런 가르침 덕분이 아니었나 싶다.

엄마야말로 스스로 '내가 진정으로 원하는 게 뭔지' 아는 사람이었고, 매 순간 당장 죽더라도 후회할 일 없게 살던 사람이라는 것. 그래서 떠나는 순간까지도 남은 이들의 마음속에 살아있는 가르침으로 영원히 남을 수 있었다는 것.

어차피 인간이란 언제 어떻게 만나고 헤어질지 모르는 존재이다. 그래서 나도 이 기회를 빌려 내 사람들에게 당부해두고 싶다.

엄마와 주변의 감사한 모든 분 덕에 나란 인간은 철이 든 이후로는 한순간도 내가 진정으로 원하는 게 뭔지 잊거나 모른 채 살아본 적이 없다. 과거나 미래를 위해 현재를 낭비해 본 적 없고, 남의 시선을 위해 자유를 저당 잡혀본 적 없고, 순간의 위안을 위해 영원한 가치를 저버려본 적 없다. 앞으로도 언제까지고 그럴 것이다.

그러니 언제 갑자기 나와 헤어지게 되더라도 헤어짐에 아쉬워할지언정, 내 존재를 안타까워하지만 말아주길 바란다. 시원하게 보내주면 좋겠다. 그리고 우리 늘 시원하게 보낼 준비를 하고, 시원하게 떠날 준비를 하며 살았으면 좋겠다.

때가 어느 땐데…

아니,
지금 때가 어느 땐데 피었노?
처연하게 피어나려던 진달래 이 말 듣고
움찔…

눈을 살짝 치켜뜨고 주위를 살펴보니
단풍잎은 활활 타오르고 있고
감나무 잎은 알전구들만 환하게 켜놓은 채
벌써 어디론가 다 사라지고 없질 않나…

이런… 진달래 잠시 멈칫하던 자태를 다시 펴고
새촘하게 눈을 내리깔고 하는
혼잣말…

때가 어느 땐지도 모르고 피어난 게
어디 나뿐이랴…

2005.11

저녁 풍경

해가 지기엔
조금 이른 듯한데
귀뚜리는 벌써
또르르 또르르

불어오는 바람
한결 소슬해지니
먼저 익어버린
성미 급한 감 하나
민망한 듯
빠알갛게 얼굴 붉히고 있네.

한 발 저는 두부 장수는
오늘도 여전히
종소리 딸랑딸랑

보송보송 마른빨래

한 아름 걷어든 아낙네

창문 밖으로 고개 길게 내밀고

아직도 미련 남아 머뭇대는

놀이터의 아이를 불러들인다.

2005. 9

유쾌한 편지

전혀 내가 편지를 보낼 것이라고
생각도 못 한 로맨티시스트가
뒤늦게 휴지통 속에 스팸메일 취급받던
내 편질 겨우 꺼내 읽고선
급히 답장을 보냈다.

침착한 그의 성격에 오자가 여러 개 나 있는 데다가
이것저것 내게 말도 없이 배려해 준 모든 것에 대한 치하가 쑥스러
워
누구에게랄 것도 없이

내참 드러워서
라고
덧붙인
매우 유쾌한 편지…

2003.

눈발 마구 날리는 날에

눈발이 마구 날리는 날에
은행에 일 보러 갔다가 나오다 보니
붕어빵 장수가 열심히 빵을 굽고 있다.

이가 몽땅 빠지신 할머니 한 분이 맛나게
붕어빵을 드시고 계신다.
슬몃 웃음이 나기에 좀 더 들여다볼려니
할머니가 한말씀 하신다.
아주 맛나… 먹어봐…

아무한테나 반말을 해도 괜찮아지는 나이쯤 되면
나도 그렇게 지나가는 젊은이에게
혼자 먹기 아까워서
같이 먹자고 해야지…
돈이야 누가 내든… …

2003. 1

별이 참 좋아…

우리 아파트엔 매일 같이 다니시는 두 할머니가 계신다.
두 분이 한집에 사신다.
두 분 다 지팡이를 짚고 다니시는데
키가 좀 더 작으신 분은 허리가 꼿꼿하신 편이고
다른 한 분은 허리가 조금 굽으셨다.
모두들 자매사인지 친구 사인지 혹은 시누올케 사인지 궁금해했는데
사실은 모녀 사이로
키가 좀 더 작으신 분이 열다섯 살에 낳으셨단다.
가끔씩 아파트 내에 장이 서면 두 분이 나란히 장을 보러 다니시기도 하고
화단 한켠에 별로 이야기도 나누지 않으시고 그저 가만히 앉아 계시곤 한다..
외출에서 돌아오다 두 분이 또 나란히 화단 앞에 앉아 계시길래
인사를 드렸다…
안녕하세요? 뭐 보구 계세요?
그러자 키가 좀 더 작은 할머니가 서두르지도 않는 느긋한 말투로

혼잣말처럼 중얼거리신다.

볕이

참 좋아…

2003. 4

마흔에 보이는 것들

한때 그냥 어른이었던 우리 어른들의 얼굴을 볼 때마다 요즘은 가슴이 철렁하곤 한다. 남은 시간이 많지 않다. 우리의 시간은 바쁘고 그들의 시간은 무료한데, 함께 하는 시간은 무섭도록 빨라지기만 한다. 우리는 아주 작은 주의를 기울였을 뿐인데, 그들에겐 너무 큰 의미가 되는 것을 본다.

지금 우리는 부르는 데가 많고, 돌아보면 제법 잘난 척할 자리도 많다. 하지만 그분들의 주름진 얼굴과 마주하는 순간, 아, 정말 급한 일은 따로 있구나…!

효도라거나 은혜 갚기 따위하곤 전혀 다른 일이다. 이 세상에서 나와 삶을 나눠온 인간들과, 시간 속에 내가 마주할 또 다른 나에 대한 마음이다. 아이들은 빠르게 자라고 어른들은 순식간에 늙어간다. 우리가 나눌 수 있는 순간이 너무나도 짧다.

이 소중한 순간들을 놓칠 수 없어 다른 것들은 내려놓기도 하고, 조금은 무리하기도 해야겠다.

그때 그분들도 그런 마음으로 어렸던 우리와, 지금은 돌아가신 분들의 손을 꼭 잡고 계셨겠구나 싶다.

가을

우리들 손톱 끝에
실낱같은 그믐달 하나
걸리면

뒷산엔
벌써 가을별 뜨고
들국화 지천으로
향기 품으리

2003. 9

가을 배웅

이제 또

쓸쓸히 돌아서는 가을을

잎 다 떨군 감나무

환한 등불 가득 켜고

따뜻하게

배웅하고 있다.

2003. 12

겨울 새벽

호롱불 큰 그림자 무서워
잠 못 들던 아이도
어느새
잠들었는데

밤새
사락사락 피어나는 눈꽃에
나뭇가지 휘는 소리

긴 밤
할머님은
내내
기침만 하시더니

이른 녘 까치가
날아왔다가
후두둑

흰 눈꽃만 떨구고 날아가면

괜스레

장지문만

열었다 닫으신다.

                                                2004. 1

아침 산책

바라보는 하늘은 아름답습니다.
나뭇잎 사이사이로 바라보는 하늘은
조금 더 아름답습니다.

걷는 길은 즐겁습니다.
함께 걷는 길은
조금 더 즐겁습니다.

한창 핀 옥잠화 흰 꽃이 눈부십니다.
보랏빛 맥문동이 있어
조금 더 눈부십니다.

돌아가는 길은 행복합니다.
기다리는 이가 있는 길은
조금 더 행복합니다.

2005. 8

아침

아침
푸르른 안개.

풀잎 사이로
발 적시며 만난
하얀 꽃.

샘물 속엔
던져지는 조약돌 되어
날아가 보고.

고개 들어
꿈처럼
하늘을 살리라.

1971. 9. 「학원」 수록

안소영, 「동이 트기 전에 10」, 2025년, 린넨에 아크릴, 100×80cm

그대는 그러나 불쑥
나를 끝 간데없는 골짜기로 밀어 넣거나
짙은 안개 숲을 헤매이게 한다.
그곳엔
그대가
내 아픔의 흔적들로 키운
그리움이란 바람이 불고 있다.

맺는 글

사랑 이야기는
끝나지 않는다

집필 중에 한 인생 선배께서 애정 어린 조언을 조심스럽게 꺼내셨다. 조실부모한 것도 아닌데, 엄마 돌아가신 이야기는 이제 그만해야 하지 않겠느냐고. 지난 출간작들을 통해서도 종종 엄마와의 이야기를 해왔으므로 일리가 있는 말이라 생각하며, 이 책을 집필하는 일은 그간 제대로 들여다보지 못하던 나의 상처를 돌보는 동시에 유지로 남겨진 과업을 정리함으로써 한 단계 나아갈 기회라 생각한다고 답변 드렸다.

그러나 집필을 마무리하며 그 생각은 바뀌었다. 나에게 엄마는 그저 '엄마'가 아니었다. 세상에 둘도 없는 영혼의 단짝인 동시에 작가로서 어떤 마음가짐으로 글을 써야 하는 지를 몸소 보여준 스승이었다. 그뿐인가, 세상에 흔치 않은 완전한 사랑을 가르쳐주었던 이다. 내가 엄마와 헤어진 이야기는 부모를 여의는 것을 넘어 사랑하는 사람과 헤어지는 이야기였다. 사랑하는 사람과 만나고 헤어지는 일은 삶에 있어서 가장 중요한 부분 아닌가. 아니, 사실 나는 그것 말고 세상에 중요한 일은 아무것도 없다고 생각한다.

나는 사람이 지닌 다양한 면모 중 밝은 면보다는 어두운 면을 보여주는 이야기에 좀 더 관심이 간다. 예를 들어, 사랑하는 사람을 잃지 않기 위해 안간힘을 쓰다가 결국 파멸의 길에 들어선다거나, 영원히 살고 싶다는 욕망에 눈이 멀어 평생 헛된 방황을 하는 그런 이야기들. 겉으로는 멀쩡해 보이는 사람들이 이토록 집착하고, 욕망하게 만들어 어리석은 선택을 이끄는 마음의 심연에는 무엇이 있는지 알고 싶었다. 연구자들이 밝혀낸 바에 따르면 그런 유혹들이 미끼 삼는 인간의 근원적인 욕구는 결국 모두 하나였다고 한다. "사랑하는 사람들과 영원히 함께하고 싶다."

우리네 평범한 인생도 이러한 욕망의 함정에 빠지지 않으려면 '영원히'의 정의를 바로 해야 할 것이다. 우리가 사랑하는 순간은 순간일지 몰라도, 진짜 사랑은 영원히 우리와 함께한다.

그러므로 사랑 이야기는 끝나지 않는다. 사랑하는 사람과의 추억이 아프고 고통스럽더라도 구태여 자꾸만 꺼내드는 것은 그 사랑을 오래오래 깨끗하게 잘 간직하기 위해서이다. 사랑 이야기를 다듬고 정리할 수는 있지만, 창고에 고이 모셔둘 수는 없다. 사랑은 우리가 죽는 날까지 매일 꺼내 쓰는 것이기 때문이다.

나의 사랑 이야기를 한 권의 책으로 정리하는 데 결정적인 도움을 주신 청미 출판사 이종호 대표님과 지기님, 김다영 편집자님께 감사드린다. 그리고 글로 미처 담아내지 못한 감정을 그림으로 섬세하게 그려주신 안소영 작가님께도 깊은 감사를 드린다. 『시가 된 풍경』이라는 작품 제목처럼 장은옥 시인이 하늘에서 이어준 이 놀라운 인연들과 오래도록 함께 아름다운 풍경을 만들고 싶다.

또한 너무도 부족한 나를 늘 곁에서 아껴주는 가족들에게 도저히 이 알량한 글재주로는 표현할 길 없는 감사함과 사랑한다는 말을 전한다. 장은옥 시인을 기억하는, 그리고 기억할 모든 분께 이 책이 좋은 선물이 되었으면 좋겠다. 마지막으로 세상의 모든 환우와 그 가족들, 유가족들께는 나의 이야기가 자그마한 위안과 연대가 되기를 바란다.

이 책은 아빠에게 바친다.

;

안소영

홍익대학교 판화과를 졸업하고 작가 특유의 섬세한 시선으로 '소녀'라는 존재를 빌려 떠남과 머묾, 상처와 회복에 관한 여정을 그리는 회화 작가. 2018년 아트경기 선정, 2019년 SEEA 최종 작가로 선정되었으며, 2021년에는 런던 사치 갤러리에서 Focus London 프리뷰 전시에 참여했다.
2023년 아트타이중, 2025년 아트타이난 페어, 그리고 2024년엔 열 번째 개인전 《우리가 다시 마주할 때; 아직 끝나지 않은 가장 먼 여행》을 선보이며 활발히 작품 활동 중이다.

사랑하는 순간 영원을 살고

1판 1쇄 발행　2025년 10월 17일
1판 2쇄 발행　2025년 10월 27일

지은이　　장은옥·김현경
펴낸이　　이종호
편　집　　김다영
디자인　　디자인유니드
발행처　　청미출판사
출판등록　2015년 2월 2일 제2015- 000040호
주　소　　서울시 마포구 토정로 158, 103-1403
전　화　　02-379-0377
팩　스　　0505-300-0377
전자우편　cheongmipub@daum.net
블로그　　blog.naver.com/cheongmipub
페이스북　www.facebook.com/cheongmipub
인스타그램　www.instagram.com/cheongmipublishing

ISBN　　979-11-89134-43-3　03810

- 책값은 뒤표지에 있습니다.
- 이 책의 저작권은 지은이와 청미출판사에 있습니다.
　책 내용의 전부 또는 일부를 이용하려면 반드시 저작권자의 서면 동의를 받아야 합니다.